IMPROVISATION FÜR SHREDGITARRE

Die kreative Anleitung für Improvisation für Rock- & Shred-Metal-Gitarre

CHRIS**ZOUPA**

FUNDAMENTAL**CHANGES**

Improvisation für Shred-Gitarre

Die kreative Anleitung für Improvisation für Rock- & Shred-Metal-Gitarre

ISBN: 978-1-78933-193-6

Herausgegeben von **www.fundamental-changes.com**

Urheberrecht © 2020 Chris Zoupa

Herausgegeben von Tim Pettingale

Mit besonderem Dank an Marcus Eitzenbergerfür die wertvolle redaktionelle Mitarbeit

www.fundamental-changes.com

Über 10.000 Fans auf Facebook: **FundamentalChangesInGuitar**

Markiere uns für einen Share auf Instagram: **FundamentalChanges**

Für über 350 kostenlose Gitarrenstunden mit Videos Schau Auf

www.fundamental-changes.com

Das Inhaltsverzeichnis

Einführung 4

Kapitel 1 - Akkordtöne und Akkordzahlen 6

Kapitel 2 - Der I-Akkord (G-Dur) 12

Kapitel 3 - Der ii-Akkord (a-Moll) 18

Kapitel 4 - Der iii-Akkord (b-Moll) 23

Kapitel 5 - IV-Akkord (C-Dur) 28

Kapitel 6 - Der V-Akkord (D-Dur) 33

Kapitel 7 - Der vi-Akkord (e-Moll) 39

Kapitel 8 - Der vii-Akkord (F#m7b5) 45

Kapitel 9 - Handhabung nicht-diatonischer Akkorde 53

Kapitel 10 - Solospiel mit Akkorden und Ausbruch aus dem Einzelnoten-Trott 70

Kapitel 11 - Unterschiedliche Tonleitern und Shred-Sequenzen 77

Kapitel 12 - Noch mehr Flair, frechen Touch und Pep hinzufügen 89

Kapitel 13 - Ein Solo schreiben und alles zusammenbringen 95

Vollständiges Solo 99

Schlussfolgerung eines Gentlemans 101

Einführung

Vielleicht hattest du schon mal diesen Traum, in welchem du vor einer Klasse stehst. Du hältst eine Rede, oder gibst vielleicht eine Präsentation über dein Lieblingsspielzeug oder Comic, das du mitgebracht hast. Plötzlich wird dir bewusst, dass du nackt bist und alle in der Klasse lachen dich aus.

Ich habe immer noch regelmäßig solche Träume, obwohl ich 32 Jahre alt bin und seit fast 14 Jahren kein Klassenzimmer mehr betreten habe. Ich hoffe, dass ich den Erlös dieses Buches dazu verwenden kann, eine umfassende Therapie zu bekommen, um herauszufinden, warum diese Träume immer wieder auftreten!

Viele Gitarristen fühlen sich „nackt" oder in Verlegenheit gebracht, wenn sie aufgefordert werden, spontan ein Solo zu improvisieren und erleben den gleichen oben beschriebenen Klassenzimmer-Terror. Hier sind einige Dinge, die ich Gitarristen schon hunderte Male laut sagen gehört habe:

„Was ist, wenn ich es versaue?"

„Was ist, wenn ich rausfliege?"

„Ist es nicht einfacher, wenn ich einfach etwas schreibe?"

Wenn das nach dir klingt, bist du hier richtig. In diesem Buch zeige ich dir, dass Improvisation ein Riesenspaß sein kann. Es ist nur eine Frage der Vorbereitung.

Eines der größten wahrgenommenen Hindernisse für Gitarristen ist es, genug Theorie zu kennen und ein Bewusstsein dafür zu haben, wie Akkorde funktionieren. Ich weiß, langweilig! Aber die Arbeit an diesem Aspekt des Spielens ist das Sprungbrett, von dem aus das magische, spontane, kreative und ungehemmte Spiel abheben kann!

In diesem Buch zeige ich dir, wie du über Akkorde spielen und bestimmte Akkordtöne gezielt einsetzen kannst, um die Wechsel zu umreißen, einprägsame Phrasen ohne Klischees erzeugen, Tonleitern weniger linear klingen lassen und deinem Spiel allgemein mehr Flair und Pep verleihen kannst.

Bist du aufgeregt? Das solltest du sein!

Lass uns gemeinsam ins kalte Wasser springen. Keine Sorge, ich werde die ganze Zeit bei dir sein.

Wie Bud, der weise Golden Retriever, mir einst beibrachte: „Glaube an dich selbst. Die Magie war die ganze Zeit in dir" - und er spielte Basketball und Fußball ... mit *Menschen*! Erstaunlich, oder?!

Viel Vergnügen!

Zoups

Hol dir das Audio

Die Audiodateien zu diesem Buch stehen unter **www.fundamental-changes.com** zum kostenlosen Download zur Verfügung. Der Link befindet sich oben rechts in der Ecke. Wähle einfach diesen Buchtitel aus dem Dropdown-Menü aus und folge den Anweisungen, um das Audiomaterial zu erhalten.

Wir empfehlen dir, die Dateien direkt auf deinen Computer herunterzuladen, nicht auf dein Tablet, und sie dort zu extrahieren, bevor du sie zu deiner Medienbibliothek hinzufügst. Du kannst sie dann auf dein Tablet bzw. deinen iPod legen oder auf CD brennen. Auf der Download-Seite gibt es ein Hilfe-PDF und wir bieten auch technischen Support über das Kontaktformular.

Hol dir dein kostenloses Audiomaterial auf **www.fundamental-changes.com**

Kapitel 1 - Akkordtöne und Akkordzahlen

„Aber, Chris...!", höre ich dich weinen, konfrontiert mit einem Diagramm am Anfang von Kapitel 1: „...wo sind all die sexy Licks?"

Dazu kommen wir bald. Geistloses atonales Shredden kann Spaß machen und ist eine ausgezeichnete Möglichkeit, deine Lieben und Nachbarn zu ärgern, aber um großartige Musik zu machen, muss man einige grundlegende Prinzipien kennen.

Ein bisschen römische Geschichte

Ein grundlegendes Verständnis der Dur-Tonleiter-Harmonie ist viel wert, wenn es darum geht, über einen Satz von Akkordwechseln zu improvisieren. Wenn du all dieses Zeug in- und auswendig kennst, kannst du gerne zu den Licks vorspringen - aber eine Auffrischung der Theorie hat noch nie jemandem geschadet.

Nehmen wir zum Beispiel die C-Dur-Tonleiter. Die Tonleiter besteht aus den Tönen C D E F G A und B. Wenn man den ersten Ton der Tonleiter nimmt, den nächsten überspringt und den darauf folgenden, erhält man den ersten Akkord aus drei Noten, den man Dreiklang nennt: C E G buchstabiert einen einfachen C-Dur-Akkord.

Wenn wir zur zweiten Note in der Tonleiter (D) gehen und den Vorgang wiederholen, erhalten wir D F A, das einen grundlegenden d-Moll-Akkord ergibt. Das nennt man Harmonisieren der Tonleiter - also die Umwandlung in Akkorde.

Jedem Akkord in der harmonisierten Tonleiter ist eine römische Zahl als Abkürzung zugeordnet. C-Dur ist der I-Akkord, d-Moll ist der ii-Akkord, und so weiter. (Dur- und Dominant-Akkorde haben Großbuchstaben und Moll-Akkorde haben Kleinbuchstaben – gib der Geschichte die Schuld!)

Die Tabelle zeigt alle Akkorde in der Tonart C-Dur. Das römische Zahlensystem ist später nützlich, wenn du jemandem eine Akkordfolge erklären und verständlich machen willst, egal in welcher Tonart sie gespielt wird. Zum Beispiel ist dein grundlegender Drei-Akkord-Blues in C-Dur eine I-IV-V-Progression (C-Dur, F-Dur, G-Dur).

Abkürzung mit römischen Zahlen	Akkordname
I	C-Dur
ii	d-Moll
iii	e-Moll
IV	F-Dur
V	G-Dur
vi	a-Moll
vii	b-Moll

Beispiel 1a zeigt eine sehr gängige Classic Rock-Akkordfolge (wenn man seine Fantasie benutzt, klingt es ein bisschen wie *Since You've Been Gone* von Rainbow).

Die Akkorde sind C-Dur - G-Dur - a-Moll - F-Dur. Die Reihenfolge in römischen Zahlen ist I V vi IV.

Beispiel 1a:

Nun schau dir die Dreiklänge an, die diese Akkorde erzeugt haben. Die darin enthaltenen Noten lauten wie folgt:

C-Dur = C E G

G-Dur = G B D

A-Moll = A C E

F-Dur = F A C

Ein Dreiklang enthält die Notenintervalle, die für die Identifizierung ihres Charakters am wichtigsten sind:

• Der Grundton des Akkords (C im C-Dur-Akkord)

• Die *Terz* (E in C-Dur)

• Die *Quinte* (G in C-Dur)

Anmerkung: Die Terz ist eine *große Terz* für Dur-Akkorde oder eine *kleine Terz* für Moll-Akkorde. „Kleine Terz" bedeutet nur, dass die Note um einen Halbton tiefer liegt.

Warum erzähle ich dir das?

Nun, wenn du ein superstarkes, *artikuliertes* Solo spielen willst, wenn du mit einer Reihe von Akkordwechseln konfrontiert wirst, und dir nicht sicher bist, was du spielen sollst, dann ist deine erste Anlaufstelle, auf die starken Noten *zu zielen*, die die Akkordwechsel umreißen. Wenn du dich einmal in diesen Prozess eingearbeitet hast, kannst du zwischen diesen Akkordtönen tonnenweise andere kreative Ideen verwenden, und deine Ideen werden immer noch stark und gut definiert klingen.

Ich zeige dir, wie es in der Praxis funktioniert...

Auf den Grundton zielen

Das Zielen auf den Grundton ist so einfach wie das Spielen der Note C, wenn ein C-Dur-Akkord gespielt wird.

Man könnte denken: „Aber das ist langweilig... *und* das ist der Job des Bassisten!" und es ist ein gewisser Funken an Wahrheit dabei. Gleich werden wir die Terz und die Quinte anvisieren, aber es ist wichtig zu wissen, wo sich der Grundton befindet, und zwar immer!

Beginnen wir zu spielen und fangen wir einfach an. Keine Sorge, einfach ist gut. Wenn du Angst hast, dass das Material hier unter deiner Würde ist, springe zum letzten Kapitel und schau, worauf du dich einlässt!

Beginne, indem du lernst, wo die Grundtöne auf jedem Akkord des vorherigen Beispiels stehen: C, G, A und F.

Beispiel 1b:

Gleich zeige ich dir ein melodisches Lick, das diesen Akkordwechseln stark folgt, indem es auf die Grundtöne oben zielt. Dazu benutze ich zwei Tonleitern, die über eine Akkordfolge in C-Dur gespielt toll klingen und die leicht auf dem Gitarrenhals zu spielen sind.

Die a-Moll-Pentatonik und die a-Äolische Tonleiter sind vom sechsten Ton der C-Dur-Tonleiter aus aufgebaut. Spiele beide Tonleitern über den Backing-Track eins.

Beispiel 1c:

Beispiel 1d zielt auf die Grundtöne der einzelnen Akkorde mit Licks, die aus den beiden obigen Tonleitern aufgebaut sind. Die starke Tonleiterwahl, kombiniert mit einer gezielten Wahl von Dreiklangtönen, schafft eine signifikante Betonung der Akkordwechsel, sowie das Ausfüllen der Takte mit interessanten Hooks und Melodien.

Beispiel 1d:

Wenn du dich so auf den Grundton konzentrierst, schaffst du ein starkes Fundament für deine melodischen Ideen. Spieler, die sich der Akkordwechsel wenig bewusst sind, haben eher „abschweifende" Soli und spielen nicht oft einprägsame Linien. Die Ausrichtung auf den Grundton und andere Dreiklangnoten hilft dir, deine Zuhörer aufmerksam zu halten.

Auf die Terz zielen

Als nächstes werden wir das dritte Intervall jedes Akkords in unserer Progression anvisieren. Noch einmal: das mag zunächst wie eine langweilige Basslinie erscheinen, aber je mehr man das übt, desto mehr wird der Klang jedes Intervalls eingebettet, und man wird sich dabei wieder finden, stärkere melodische Ideen zu spielen.

Die Terz betont die *emotionale* Dur- oder Moll-Qualität jedes Akkords und sein glückliches oder trauriges Gefühl. Beachte, dass das Anvisieren der Terz weniger „aufgelöst" klingt als die Ausrichtung auf den Grundton.

Beispiel 1e:

Beispiel 1f zielt auf die Terzen der Akkordwechsel ab und füllt die Takte mit Noten aus der a-Moll-Pentatonik und der a-Äolischen Tonleiter aus, um die Sequenz zu umreißen und gleichzeitig ein sinnvolles Solo aufzubauen.

Beispiel 1f:

Auf die Quinte zielen

Zum Schluss lernen wir noch, die Quinte jedes Akkords anzuvisieren.

Für sich genommen bilden diese Noten eine dumpfe, wenig inspirierende Melodie, aber sie klingen *stabil*.

Beispiel 1g:

Beispiel 1h verwendet wieder die a-Moll-Pentatonik und die Äolische Tonleiter, wobei die Quinten gezielt anvisiert werden.

Beispiel 1h:

Auf alle drei Noten des Dreiklangs zielen

Wenn du einmal geübt hast, den Grundton, die Terz und die Quinte getrennt voneinander anzuvisieren, ist es an der Zeit, die Dinge zu vermischen und alle drei Dreiklangnoten anzuvisieren. Du kannst so organisiert sein, wie du willst, wenn du diese Technik übst, aber wir müssen irgendwo anfangen, also lass uns damit beginnen, die folgenden Akkordtöne anzuvisieren:

Über C-Dur zielen wir auf den Grundton (C)

Über G-Dur zielen wir auf die große Terz (B)

Über a-Moll zielen wir auf die Quinte (E)

Über F-Dur werden wir wieder die große Terz anvisieren (A)

Das klingt folgendermaßen:

Beispiel 1i:

Beispiel 1j kombiniert diese Zieltöne mit der a-Moll-Pentatonik und der a-Äolischen Tonleiter. Du wirst hören, dass die *Farben* der einzelnen Akkorde unterschiedlich hervorgehoben werden.

Beispiel 1j:

Jetzt haben wir daran gearbeitet, jede Dreiklangnote in jedem Akkord der Progression anzuvisieren. Übe diese Technik wie folgt:

1. Gehe zurück zum Anfang und spiele die Progression nur mit den Grundtönen durch.

2. Komponiere eine eigene melodische Linie, die den Grundton jedes Akkords enthält welcher auf den Schlag 1 fällt, wenn dieser Akkord im Backing-Track gespielt wird.

3. Spiele nun die Progression durch, wobei nur die Terz jedes Akkords hervorgehoben wird.

4. Komponiere eine melodische Linie, die bei jedem Akkordwechsel die Terz hervorhebt.

5. Spiele die Progression durch, wobei nur die Quinte hervorgehoben wird.

6. Komponiere eine Zeile, in der bei jedem Wechsel die Quinte hervorgehoben wird.

7. Schließlich wählst du eine Zielnoten- „Route" durch die Wechsel (d.h. Terz von C-Dur, Grundton von G-Dur, Quinte von a-Moll, Grundton von F-Dur) und komponierst eine melodische Linie, die um diese herum passt.

Es ist wichtig, an dieser Stelle zu sagen, dass ein kleiner Prozentsatz der Improvisation durch einen glücklichen Unfall entsteht. Je mehr du dich vorbereitet hast, desto wahrscheinlicher ist es, dass aus deinem „Unfall" eine schöne Linie herauskommt. Es ist also in Ordnung, Zeilen zu schreiben und seinen Wortschatz aufzubauen, bis man spielen kann, ohne wirklich darüber nachzudenken.

In der Anfangsphase mögen die Dinge, die du spielst, altmodisch und roboterhaft klingen, aber sei versichert, dass du nach genügend Experimentieren beginnen wirst, die Phrasierung und Verzierungen zu finden, die *deine* Stimme als Musiker hervorbringen. Dies ist eine Reise der Selbstentdeckung. Ja, mir ist bewusst, dass ich mich wie ein angeberischer Trottel anhöre, der ein Selbsthilfebuch schreibt, aber glaub mir, es gibt nichts weniger Authentisches als ein mittelmäßiges Wiederkäuen von gestohlenen Licks deiner Lieblingsspieler. Wir haben alle *den* Typen im Gitarrenladen gesehen, der immer wieder die gleichen zwei SRV-Licks spielt. Sei nie der „Rip Off Lick Guy" - lerne so viel wie möglich mit deiner eigenen Persönlichkeit zu rocken!

Im nächsten Kapitel wirst du das Zahlensystem auf die nächste Stufe bringen und es gibt auch jede Menge coole Licks zu lernen.

Kapitel 2 - Der I-Akkord (G-Dur)

Nächste Stufe römische Geschichte

Wie wir gesehen haben, hilft uns die harmonisierte Dur-Tonleiter und das römische Zahlensystem der Akkorde zu verstehen, wie Akkorde gebildet werden und wie Progressionen aufgebaut sind. In Kapitel 1 haben wir besprochen, wie man bestimmte Akkordtöne gezielt einsetzen kann, um Linien zu erzeugen, die die Wechsel stark umreißen. Römisch nummerierte Akkordzahlen können auch dazu verwendet werden, um spezifische Tonleiter-, Pentatonik- oder Arpeggio-Auswahlen zu finden, die letztendlich jeder Akkordzahl einen eigenen „maßgeschneiderten" Klang verleihen. In den nächsten Kapiteln werden wir besprechen, welche Solo-Optionen für jeden Akkord in der harmonisierten Dur-Tonleiter zur Verfügung stehen.

Alle Beispiele sind in der Tonart G-Dur. Dies ist die übergeordnete Tonleiter, von der alle anderen Tonleiterwahlen abgeleitet werden. Hier sind die diatonischen Akkorde in der Tonart G-Dur mit ihren jeweiligen Akkordzahlen.

Akkord	G-Dur	a-Moll	b-Moll	C-Dur	D-Dur	e-Moll	F#mb5
römische Ziffer	I	ii	iii	IV	V	vi	vii

Wir werden jeden Akkord nacheinander mit dem gleichen Verfahren abarbeiten. Du wirst lernen:

- Die Tonleiter über alle sechs Saiten in sowohl drei-Noten-pro-Saite als auch in CAGED-Patterns

- Die Pentatonik zu jedem Akkord

- Der Dreiklang des Akkords in drei Positionen über alle sechs Saiten angeordnet

- Das Sept-Arpeggio des Akkords (z.B. Gmaj7, Am7 etc.) in drei Positionen über alle sechs Saiten

- Ein tolles Lick für jeden der oben genannten Punkte, um zu zeigen, wie man diese in einem musikalischen Kontext einsetzen kann

I-Akkord: G-Dur

Um den I-Akkord zu meistern, spielst du das Beispiel 2a durch. Dies ist eine G-Dur-Tonleiter (auch bekannt als G-Ionischer Modus), die alle sechs Saiten umfasst. Takt 1 ist ein nützliches Drei-Noten-pro-Saite Pattern. Takt 2 ist eine CAGED-System-Skalenform.

Wichtiger Disclaimer! *Es wird viel darüber diskutiert, ob es besser ist, drei-Noten-pro-Saite oder CAGED-Formen zu verwenden. Es ist egal. Gewöhne dich an beides und benutze das, was für dich funktioniert, wenn du improvisierst. Halte dich von Internet-Diskussionen zu diesem Thema fern. Es könnte besser sein, die alten Staffeln der Gilmore Girls zu sehen. #teamlogan*

Beispiel 2a:

Beispiel 2b verwendet das Drei-Noten-pro-Saite-Pattern, beinhaltet aber expressive Techniken und verschiedene Unterteilungen, um ein interessantes und musikalisches Lick zu erzeugen.

Beispiel 2b:

Als nächstes benutze ich die G-Dur CAGED-Form, aber variiere das Timing.

Beispiel 2c:

Die G-Dur-Pentatonik besteht aus fünf süßen G-Dur-Tönen: G, A, B, D und E (Intervalle 1, 2, 3, 5 und 6). Spiele die G-Dur-Pentatonik in der „Box"- und der horizontalen Form durch.

Beispiel 2d:

Das Lick in Beispiel 2e wird aus der Box-Shape der Dur-Pentatonik erzeugt. Am Ende des Licks wirst du feststellen, dass es einen Doppelgriff gibt. Scheue dich nicht, mit diesen Mini-Akkorden in deinen Soli zu experimentieren!

Beispiel 2e:

Beispiel 2f kommt von der „kriechenden" Pentatonik-Form, die überwiegend mit 1/8-Triolen gespielt wird.

Beispiel 2f:

Die Intervalle 1, 3 und 5 der G-Dur-Tonleiter (G, B und D) bilden einen G-Dur-Dreiklang. Das Beispiel 2g zeigt, wie der Dreiklang in sechs- und fünfsaitigen Variationen gespielt wird.

Beispiel 2g:

Hier ist ein Lick, das auf der sechssaitigen Dreiklangform basiert. Ich habe mehrere variierende Triolen-Unterteilungen und einige diatonische Noten verwendet, um zu verhindern, dass dieses Arpeggio-Lick zu fade klingt.

Beispiel 2h:

Spiele nun Beispiel 2i durch, ein Lick, das auf dem zweiten G-Dur-Dreiklang-Arpeggio basiert.

Beispiel 2i:

Nun, hier ist ein Lick, das die dritte Dreiklangform benutzt. Das Lick löst sich zu einer e-Moll-Pentatonik-Form, die an Marty Friedman und die Scorpions erinnert.

Beispiel 2j:

Einfache Dreiklänge können wir durch Hinzufügen der Septim in erweiterte Arpeggios verwandeln, wodurch sie sofort anspruchsvoller werden. Der G-Dur-Dreiklang wird zu einem Gmaj7-Arpeggio (G, B, D und F#). Spiele zunächst die drei unten gezeigten maj7-Arpeggios durch.

Beispiel 2k:

Hier ist ein Lick, das auf der ersten Gmaj7-Arpeggio-Form oben basiert, die auch Noten aus der G-Dur-Pentatonik enthält.

Beispiel 2l:

Das zweite Gmaj7-Lick verwendet 1/8-Triolen und punktierte 1/8-Doppelgriffe.

Beispiel 2m:

Schließlich gibt es noch ein Lick, das verschiedene Unterteilungen und einen schnellen Positionswechsel benutzt, um es interessant zu halten.

Beispiel 2n:

Kapitel 3 - Der ii-Akkord (a-Moll)

Zum Solo über dem ii-Akkord in der harmonisierten Dur-Tonleiter (a-Moll) spielen wir eine G-Dur-Tonleiter, die auf dem Ton A beginnt und endet. Sie hat alle Töne von G-Dur, aber jetzt hat sich unser Schwerpunkt nach a-Moll verschoben (AKA der A-Dorische Modus). Beispiel 3a zeigt die G-Dur-Tonleiter, die von einem A ausgeht und alle sechs Saiten in den drei-Noten-pro-Saite- und CAGED-Patterns umfasst.

Beispiel 3a:

Beispiel 3b zeigt, wie sich die drei-Noten-pro-Saite-Form in ein Lick mit hinzugefügtem Legato und einem abschließenden Bending übersetzt.

Beispiel 3b:

Im nächsten Beispiel wechselt die A-Dorische CAGED-Form zwischen 1/8- und 1/16-Noten, um das Timing des Licks abwechslungsreich und weniger vorhersehbar zu gestalten.

Beispiel 3c:

Als nächstes spielst du die Box- und die horizontale Version der G-Dur-Pentatonik von einem A ausgehend durch, um den ii-Akkord zu erreichen.

Beispiel 3d:

Hier ist ein Lick, das ich mit der Box-Shape erstellt habe, mit unterschiedlichem Timing und Hammer-Ons.

Beispiel 3e:

Hier ist ein Beispiel mit der „kriechenden" Skalenform, gespielt mit überwiegend 1/8-Triolen und der Auflösung auf einem Bend.

Beispiel 3f:

Der a-Moll-Dreiklang besteht aus den Tönen A, C und E. Hier sind die sechs- und fünfsaitigen Dreiklangmuster.

Beispiel 3g:

Beispiel 3h, basierend auf der sechssaitigen Form, bietet einige Momente Legato, um Geschmeidigkeit und Geschwindigkeit hinzuzufügen.

Beispiel 3h:

In Beispiel 3i wird wieder die Legato-Technik verwendet, die sich hervorragend eignet, um einen überraschenden Geschwindigkeitsschub zu erzielen.

Beispiel 3i:

Hier ist eine Idee mit der dritten Dreiklangform, die fast ausschließlich in 1/8-Triolen gespielt wird.

Beispiel 3j:

Nun erweitern wir unseren Dreiklang um die Septim, um ein Am7-Arpeggio (A, C, E und G) zu erhalten. Spiele zunächst alle drei untenstehenden Arpeggio-Formen durch.

Beispiel 3k:

Hier ist eine melodische Linie, die auf der ersten Am7-Arpeggio-Form basiert.

Beispiel 3l:

Beispiel 3m verwendet die zweite Arpeggio-Form und kombiniert 1/8-Triolen mit Legato-Momenten.

Beispiel 3m:

Hier ist eine Idee, die String Skipping (das Überspringen einer Saite) verwendet, um interessante Intervalle zu erhalten und Legato, um Geschwindigkeitsausbrüche zu erzeugen.

Beispiel 3n:

Kapitel 4 - Der iii-Akkord (b-Moll)

Zum Solo über dem iii-Akkord in der harmonisierten Dur-Tonleiter (b-Moll) spielen wir eine G-Dur-Tonleiter, die auf dem Ton B beginnt und endet. Sie hat alle Töne von G-Dur, aber jetzt hat sich unser Schwerpunkt nach b-Moll verlagert (auch bekannt als der B-Phrygische Modus). Beispiel 4a zeigt die G-Dur-Tonleiter von B ausgehend, die sich über alle sechs Saiten in drei-Noten-pro-Saite- und CAGED-Patterns erstreckt.

Beispiel 4a:

Das erste Beispiel basiert auf dem drei-Noten-pro-Saite-Pattern und endet mit einem Ganzton-Bending.

Beispiel 4b:

Dieses Lick verwendet die CAGED-Form, wobei das Timing variiert wird, um der Melodie mehr Ausdruck zu verleihen.

Beispiel 4c:

Nun gehen wir zur Box- und horizontalen Version der G-Dur-Pentatonik über, die bei einem B beginnt und zum iii-Akkord (b-Moll) führt.

Beispiel 4d:

Die Verwendung von Quarten und 1/8-Triolen macht dieses Lick interessanter.

Beispiel 4e:

Beispiel 4f verwendet die „kriechende" Pentatonik-Form mit einer Kombination aus 1/16-Noten und 1/4-Triolen. Es endet mit einem kurzen b-Moll-Dreiklang-Arpeggio.

Beispiel 4f:

Der b-Moll-Dreiklang wird aus den Noten B, D und F# aufgebaut. Spiele die sechs- und fünfsaitigen Variationen dieses Arpeggios durch.

Beispiel 4g:

Beispiel 4h beginnt mit einem langsameren absteigenden Arpeggio in 1/8-Noten und löst sich mit einigen schnelleren aufsteigenden 1/16-Noten auf, um etwas Geschwindigkeit und Spannung zu erzeugen.

Beispiel 4h:

Dieses Lick, das auf der zweiten b-Moll-Dreiklangform basiert, verwendet eine einfache absteigende Idee mit gleichmäßigem 1/8-Timing.

Beispiel 4i:

Dieses Lick verwendet verschiedene Unterteilungen, Slides und Legato, um es interessant zu halten.

Beispiel 4j:

Nun erweitern wir unseren Dreiklang zu einem Sept-Arpeggio (B, D, F# und A). Spiele die drei unten gezeigten Bm7-Arpeggios durch.

Beispiel 4k:

Die erste Idee hier verwendet sich wiederholende, aufbauende 1/16-Noten, um die Spannung zu erhöhen, die in Takt zwei aufgelöst wird.

Beispiel 4l:

Dieses Lick beinhaltet viele Bendings, um seinen rockigen Charakter zu erhalten.

Beispiel 4m:

Das letzte Lick, das auf der dritten Bm7-Arpeggio-Form basiert, steigt mit 1/8-Triolen und etwas schnellem Legato auf.

Beispiel 4n:

Kapitel 5 - IV-Akkord (C-Dur)

Zum Solo über dem IV-Akkord in der harmonisierten Dur-Tonleiter (C-Dur) spielen wir eine G-Dur-Tonleiter, die auf dem Ton C beginnt und endet. Sie hat alle Töne von G-Dur, aber jetzt hat sich unser Schwerpunkt auf C-Dur (auch bekannt als der C-Lydische Modus) verlagert. Beispiel 5a zeigt die G-Dur-Tonleiter ab C, die sich über alle sechs Saiten in drei-Noten-pro-Saite- und CAGED-Patterns erstreckt.

Beispiel 5a:

Beispiel 5b zeigt eine 1/16-Notenlinie mit einem interessanten Pattern, um eine ansonsten lineare Skalenform in etwas Spannenderes zu verwandeln.

Beispiel 5b:

Bei einer potenziell dumpfen Tonleiter kannst du auch eine interessante Kombination von Rhythmen erstellen, damit es nicht zu langweilig klingt. Diese Idee enthält eine Kombination von 1/8-Noten, 1/8-Triolen und 1/16-Noten.

Beispiel 5c:

Achtung, Überraschung! Für die pentatonische Tonleiterwahl über den IV-Akkord werde ich von dem bisherigen Schema abweichen und einen ausgefallenen Vorschlag machen! Die E-Hirajoshi-Tonleiter ist hier eine gute pentatonische Tonleiterwahl. Die Töne dieser japanischen Pentatonik sind E, F#, G, B und C, aber wenn man sie umordnet, um von einem C zu beginnen, hat die Tonleiter einen orientalischen, vielleicht galaktischen, lydischen Klang, der auf den Grundton, die Terz, übermäßige Quarte, Quinte und Septim des IV-Akkords abzielt.

Beispiel 5d:

Nebenbemerkung: Wenn du mehr über Hirajoshi und lydische Tonleitern erfahren willst, solltest du dir mein zweites Buch *Rock Guitar Mode Mastery* ansehen.

Beispiel 5e:

Der C-Dur-Dreiklang wird aus den Noten C, E und G aufgebaut. Spiele die sechs- und fünfsaitigen Variationen in Beispiel 5f.

Beispiel 5f:

In Beispiel 5g habe ich 1/4-Noten und 1/16-Noten nebeneinander gesetzt, was zu einer großen Varianz in der Geschwindigkeit führt.

Beispiel 5g:

Das nächste Beispiel enthält ein kurzes Motiv aus der e-Moll-Pentatonik-Box-Shape eins.

Beispiel 5h:

Das Lick wird in einem Takt mit 1/4-Triolen gespielt, dann in einem Takt mit 1/8-Triolen, was dem Lick einen Geschwindigkeitsschub verleiht.

Beispiel 5i:

Nun wenden wir unsere Aufmerksamkeit dem Sept-Arpeggio des IV-Akkords zu. Cmaj7 ist aus den Noten C, E, G und B konstruiert. Spiele die drei hier gezeigten maj7-Arpeggios durch.

Beispiel 5j:

Basierend auf der sechssaitigen Arpeggio-Form hat dieses Lick mehrere Richtungswechsel, so dass der Hörer immer wieder raten muss, ob er aufsteigend oder absteigend ist.

Beispiel 5k:

Diese Linie hat absteigende 1/16-Triolen und einige langsame sexy Slides, mit massiven Intervallen.

Beispiel 5l:

Schließlich benutze ich in Beispiel 5m String Skipping, um einige überraschende Intervalle zu erzeugen, und variiere zwischen 1/16- und 1/8-Triolen, um eine allmähliche Geschwindigkeitsabnahme im Verlauf des Licks zu erzeugen.

Beispiel 5m:

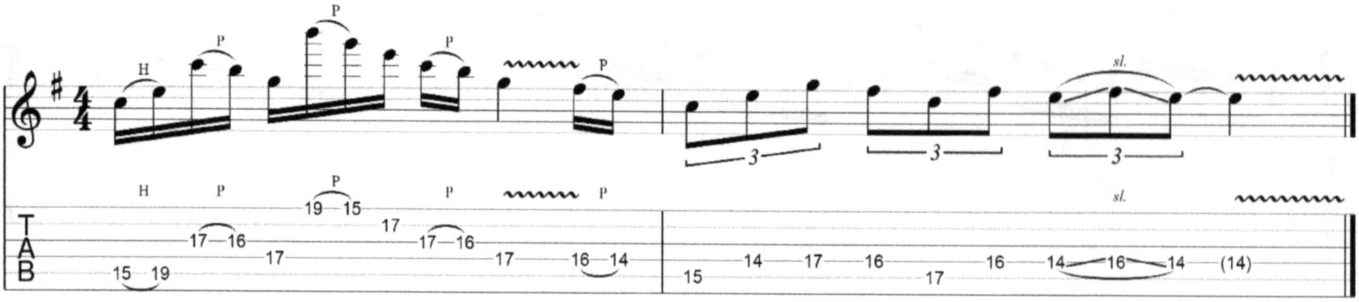
H
P
P
P
P
sl.
T
A
B
15 19
17 16
17
19 15
17
17 16
17
16 14
15
14 17 16
17
16
14 16 14 (14)
3
3
3

Kapitel 6 - Der V-Akkord (D-Dur)

Der V-Akkord in der harmonisierten Dur-Tonleiter ist D-Dur. Um darüber zu improvisieren, können wir eine G-Dur-Tonleiter spielen, die auf dem Ton D beginnt und endet. Es ist immer noch eine G-Dur-Tonleiter, aber unser Schwerpunkt hat sich auf D-Dur (auch bekannt als der D-Mixolydische Modus) verlagert. Das Beispiel 6a zeigt die G-Dur-Tonleiter ab D, die alle sechs Saiten in drei-Noten-pro-Saite- und CAGED-Patterns umspannt.

Beispiel 6a:

In Beispiel 6b benutze ich die obige drei-Noten-pro-Saite-Form, aber ich habe einige wenige Ausdruckstechniken mit unterschiedlichen Unterteilungen mit eingebaut, um ein interessantes und musikalisches Lick zu erzeugen.

Beispiel 6b:

Im nächsten Beispiel, mit der CAGED-Form, fügt die Verwendung von 1/16-Noten ein Geschwindigkeitselement hinzu und das Bending am Ende des Licks gibt ihm ein Gefühl der Auflösung.

Beispiel 6c:

Spiele nun die Box- und die horizontale Version der G-Dur-Pentatonik durch, die vom D zum Grundton des V-Akkords führt.

Beispiel 6d:

Dieses Lick löst sich auf einige sich wiederholende 1/8-Triolen auf. Es ist eine kurze Erinnerung daran, dass du die gleiche Note, zwei oder mehr Mal hintereinander in deinen Soli spielen darfst! (Sieh dir das Solo in Motley Crue's Song *Dr. Feelgood* an, um zu hören, wie dieses Konzept perfekt umgesetzt wird.

Beispiel 6e:

Beispiel 6f verwendet die „kriechende" G-Dur-Pentatonik-Form und ein kurzes 1/4-Triolen-Arpeggio in D-Dur.

Beispiel 6f:

Für das pentatonische Element in diesem Kapitel werde ich mich ausschließlich auf die D-Mixolydische Pentatonik konzentrieren. Es hat eine Tonleiterformel von 1, 3, 4, 5 und b7 (D, F#, G, A und C). Diese Tonleiter hebt alle entscheidenden Aspekte des V-Akkords hervor.

Beispiel 6g:

Um diese Tonleiter zu demonstrieren, spiele ich ein schnelles absteigendes Lick mit Legato und Slides.

Beispiel 6h:

Der V-Akkord (D-Dur) wird aus den Noten D, F# und A zu einem D-Dur-Dreiklang aufgebaut. Spiele die sechs- und fünfsaitigen Variationen dieses Arpeggios durch.

Beispiel 6i:

Beispiel 6j ist ein Lick, das aus der ersten Dreiklangform aufgebaut ist. Es verwendet unterschiedliche Triolenunterteilungen und einige diatonische Noten, um das Lick frisch und frech zu halten.

Beispiel 6j:

Das nächste Beispiel enthält ein paar Noten aus der G-Dur-Pentatonik, um das Lick aufzulösen.

Beispiel 6k:

Hier ist ein ähnlicher Ansatz, bei dem einige wenige Noten aus der G-Dur-Pentatonik geliehen werden.

Beispiel 6l:

Wie zuvor werden wir unseren Dreiklang in ein Sept-Arpeggio verwandeln, um den V-Akkord zu einem D7 (D, F#, A und C) zu machen. Spiele die drei Dominantsept-Arpeggios durch, die unten gezeigt werden.

Beispiel 6m:

Das Beispiel 6n basiert überwiegend auf 1/8-Triolen und enthält einige coole Bends.

Beispiel 6n:

Beispiel 6o zeigt eine Linie, die auf der zweiten D-Dominantsept-Arpeggio-Form basiert und zwischen aufsteigenden und absteigenden Noten driftet.

Beispiel 6o:

Das letzte Beispiel verwendet Legato und 1/16-Noten, um ein schnelles und frisches Lick zu liefern.

Beispiel 6p:

Kapitel 7 - Der vi-Akkord (e-Moll)

Der vi-Akkord in der harmonisierten Dur-Tonleiter ist e-Moll. Um darüber zu improvisieren, können wir eine G-Dur-Tonleiter spielen, die auf dem Ton E beginnt und endet. Es ist immer noch eine G-Dur-Tonleiter, aber unser Schwerpunkt hat sich auf E-Moll (auch bekannt als der e-Äolische Modus oder die natürliche Molltonleiter) verlagert. Beispiel 7a zeigt die G-Dur-Tonleiter ab E, die sich über alle sechs Saiten in drei-Noten-pro-Saite- und CAGED-Patterns erstreckt.

Beispiel 7a:

Das erste Beispiel hat String Skippings und sich langsam bewegende 1/4-Triolen, um die Intervalle weniger vorhersehbar klingen zu lassen.

Beispiel 7b:

Man kann immer eine Kombination aus ausdrucksstarken Techniken und abwechslungsreichem Timing verwenden, um aus einer einfachen Tonleiter ein musikalisch klingendes Lick zu erzeugen.

Beispiel 7c:

Hier sind die Box- und horizontalen Versionen der e-Moll-Pentatonik. Hier wird auf den Grundton, die kleine Terz, Quinte und b7 des e-Moll-Akkords abgezielt.

Beispiel 7d:

Hier ist ein Lick in der Box Shape. Als ich dieses Lick schrieb, hatte ich Angus Youngs schnelle und manchmal chaotische Spielweise und Marty Friedmans Verwendung von angespannt klingenden Noten, die außerhalb der Tonleiter liegen, im Kopf (also „outside" im Vergleich zu „inside", was innerhalb bedeutet). Wer liebt es nicht: ein Outside-to-Inside-Bending?!

Beispiel 7e:

Dieses Beispiel verwendet die „kriechende" Pentatonik-Form. Sei vorsichtig mit den kniffligen Hammer-Ons und Slides im zweiten Takt.

Beispiel 7f:

Kehren wir kurz zur Pentatonik von Hirajoshi zurück! Hier ist die Tonleiterformel für E-Hirajoshi: 1, 2, b3, 5 und b6 (E, F#, G, B und C). Diese Tonleiter klingt großartig über einem vi-Akkord, wenn du deinem Solo etwas orientalische Würze geben willst ... und wer tut das nicht? Das Beispiel 7g illustriert die Box- und horizontale Version dieser Tonleiter.

Beispiel 7g:

Hier ist ein mittelschnelles Lick, der 1/8-Noten und 1/8-Triolen verwendet, mit ein paar expressiven Techniken, um etwas Musikalität hinzuzufügen.

Beispiel 7h:

Diese nächste Idee wird fast ausschließlich in 1/8-Triolen gespielt und kombiniert Legato und Slides, um eine „sexy Smoothness" hineinzubringen.

Beispiel 7i:

Der vi-Akkord wird aus den Tönen E, G und B aufgebaut und bildet einen e-Moll-Dreiklang. Spiele die sechs- und fünfsaitigen Variationen dieses Arpeggios durch.

Beispiel 7j:

Für das erste Beispiel eines Dreiklang-Licks habe ich mich entschieden, punktierte 1/4-Noten und eine 1/2-Note zu verwenden, um dieses Lick angenehm langsam zu machen. Es ist gut, ein paar Licks im Ärmel zu haben für die „Ruhe nach dem Sturm"-Momente in deinen improvisierten Soli.

Beispiel 7k:

Hier spiele ich allerdings überwiegend 1/16, denn manchmal muss man einfach schnell spielen!

Beispiel 7l:

Das Beispiel 7m bringt die Dinge in Bezug auf die Geschwindigkeit durcheinander.

Beispiel 7m:

Jetzt verwandeln wir unseren e-Moll-Akkord in Em7 (E, G, B und D). Spiele die drei Moll-Sept-Arpeggios unten durch.

Beispiel 7n:

Ich habe hier Legato verwendet, um das Lick geschmeidiger zu machen, sowie ein Inside-to-Outside-Bending, um dem Lick eine funky Auflösung zu verleihen.

Beispiel 7o:

Diese nächste Idee ist relativ einfach, sie driftet zwischen 1/8-Noten und 1/8-Triolen, mit ein paar Momenten frechen Legatos.

Beispiel 7p:

Schließlich eine Kombination aus 1/16-Noten, Legato und Slides, um diesem Lick Geschwindigkeit und Aggression zu verleihen.

Beispiel 7q:

Kapitel 8 - Der vii-Akkord (F#m7b5)

Der vii-Akkord in der harmonisierten Dur-Tonleiter ist F#m7b5. Um darüber zu improvisieren, können wir eine G-Dur-Tonleiter spielen, die auf dem Ton F# beginnt und endet. Es ist immer noch eine G-Dur-Tonleiter, aber unser Schwerpunkt hat sich nach f#-Moll (auch bekannt als der f#-Lokrische Modus) verlagert. Beispiel 8a zeigt die G-Dur-Tonleiter ab F#, die alle sechs Saiten in drei-Noten-pro-Saite- pro Saite und CAGED-Patterns beinhaltet.

Beispiel 8a:

Unser erstes Beispiel verwendet das drei-Noten-pro-Saite-Pattern des f#-Lokrischen Modus und endet mit einem frechen Unison-Bend.

Beispiel 8b:

Wie in den vorherigen Beispielen gesehen, variiere ich hier das Timing und den Ausdruck, um ein interessantes musikalisches Lick zu erzeugen.

Beispiel 8c:

Jetzt werden wir die F#-Lokrische Pentatonik als unsere Hauptwaffe benutzen. Die Tonleiterformel lautet 1 b3 4 b5 b7 (F#, A, B, C und E). Man könnte sie auch als Pentatonik in f#-Moll mit einer verminderten Quinte beschreiben, und sie funktioniert perfekt über einem vii-Akkord.

Beispiel 8d:

Dieses verrückte Lick kombiniert Legato und 1/16-Noten, um es schnell und spannend zu halten.

Beispiel 8e:

Randnotiz! Wenn du mehr über die lokrische Pentatonik in verschiedenen Positionen erfahren willst, dann hol dir mein Buch *Rock Guitar Mode Mastery*.

Der vii-Akkord-Dreiklang wird aus den Noten F#, A und C (Intervalle 1, 3 und b5) gebildet. Spiele die sechs- und fünfsaitigen Variationen dieses Arpeggios durch.

Beispiel 8f:

Das erste Dreiklang-Lick wird absteigend mit einem frechen Outside-Bending gespielt.

Beispiel 8g:

Beispiel 8h verwendet 1/16-Noten mit der Betonung auf Dreiergruppen.

Beispiel 8h:

Hier ist ein relativ langsames Lick, das in 1/4-Triolen für einen langsamen, stockenden Effekt gehalten ist.

Beispiel 8i:

Unser vii-Arpeggio wird aus den Noten F#, A, C und E zu einem F#m7b5 aufgebaut. Spiele die drei unten gezeigten m7b5-Arpeggios durch.

Beispiel 8j:

Beispiel 8k beginnt mit geraden 1/16-Noten, verwendet aber viele verschiedene Unterteilungen im zweiten Takt, um den Zuhörer ins Schleudern zu bringen.

Beispiel 8k:

Dieses Lick verwendet viele 1/8-Noten, um das Tempo überschaubar zu halten, und wirft ein paar Legato-Noten für Geschmeidigkeit und Geschwindigkeit ein.

Beispiel 8l:

Zum Schluss gibt es noch ein sich langsam bewegendes 1/4-Triolen-Lick.

Beispiel 8m:

Beachte, dass all diese gezielten Akkordoptionen leicht zu modulieren sind. Sie können alle von Tonart zu Tonart verschoben werden und funktionieren auch in modalen Akkordfolgen. Wenn zum Beispiel eine A-Mixolydisch Akkordfolge die Akkorde I, bVII, IV und I hat, werden diese Akkorde A, G, D und A sein, aber das wird theoretisch auch mit V, IV, I und V-Akkord aus D-Dur funktionieren, da beide die gleichen Noten und Akkorde haben. Dies bedeutet, dass alle deine Ziel-Akkordzahl-Optionen gleich sind, nachdem du die Mathematik gemacht hast!

Akkordzahlen zusammen in einer Progression verwenden

Wir haben jeden Akkord in der harmonisierten Dur-Tonleiter durchgearbeitet und tonnenweise Licks gelernt. Um dieses Kapitel abzuschließen, habe ich ein paar Beispiele angefügt, wie man diese Ideen über populäre Akkordfolgen anwenden kann. Dies ist nur ein kleiner Vorgeschmack auf das, was möglich ist, und du solltest alle bisherigen Ideen über einige Jam-Tracks üben.

Betrachten wir zunächst eine I-V-vi-IV-Progression in G-Dur (G-Dur - D-Dur - e-Moll - C-Dur)

Unten ist ein Mini-Solo über diese Progression. Hier ist eine Aufschlüsselung der melodischen Ideen, die ich für jeden Akkord ausgewählt habe:

Gmaj (I): G-Dur-Dreiklang fünfsaitiges Arpeggio

Dmaj (V): G-Dur-Pentatonik von D (D, E, G, A und B)

Em (vi): E-Äolisch-Modus

Cmaj (IV): Cmaj7 sechssaitiges Arpeggio

Beispiel 8n:

Die nächste Beispielprogression ist eine I-vii-ii-IV-Progression in G-Dur (G-Dur - F#m7b5 - Am - C-Dur). Hier ist die Aufschlüsselung meiner melodischen Entscheidungen:

Gmaj (I): G-Dur diatonische CAGED-Form

F#m7b5 (vii): F#m7b5-Arpeggio, zwei Oktaven, führt von F#

Am (ii): G-Dur-Pentatonik von A (A, B, D, E und G)

Cmaj (IV): C-Lydisch/ E-Hirajoshi-Pentatonik-Box

Beispiel 8o:

Ein letztes Beispiel: eine vi-iii-IV-V-Progression in G-Dur. Der Verzicht auf einen G-Dur-Akkord führt dazu, dass die Progression eher in e-Moll klingt. Spiele das Beispiel durch und hör dir das Zusammenspiel zwischen den Akkorden und den führenden Lines an. Hier ist eine Aufstellung meiner Tonleiterwahl:

Em (vi): Em7 fünfsaitige Arpeggio-Form

Bm (iii): B-Phrygisch CAGED-Form

Cmaj (IV): C-Dur sechssaitiges Dreiklang-Arpeggio

Dmaj (V): D-Mixolydisch drei-Noten-pro-Saite-Form

Beispiel 8p:

Nachdem du nun gesehen hast, wie sich diese Konzepte auf drei gängige Akkordfolgen anwenden lassen, ist es an der Zeit, einige eigene Progressionen zu schreiben und das Solospiel darüber zu üben. Ich schlage vor, du beginnst in der Tonart G-Dur und benutzen deine bisherigen Lieblingslicks. Wenn du anfängst, diese Ideen in G-Dur anzuwenden, transponiere deine Progressionen/ Licks auf andere Tonarten.

Kapitel 9 - Handhabung nicht-diatonischer Akkorde

In den vorherigen Kapiteln haben wir systematisch die diatonischen Akkorde in der harmonisierten G-Dur-Tonleiter durchgearbeitet und gelernt, jeweils über jeden zu solieren. Hoffentlich hat alles für dich Sinn gemacht und sich „Hunky Dory" (was auf Lateinisch, glaube ich, *hunky dory* bedeutet) angefühlt.

Viele Akkordfolgen enthalten jedoch nicht nur diatonische Akkorde. Akkorde außerhalb der diatonischen Harmonie werden auch vorbeikommen, und wir müssen die Art und Weise, wie wir über sie solieren, entsprechend anpassen. Es ist wichtig, dass wir diese „Besuchs"-Akkorde willkommen heißen und dabei noch großartig klingen.

Nicht-diatonische Akkorde können in der Improvisation alle möglichen Probleme verursachen. Der plötzliche, überraschende Akkord kann die Spieler verwirrt und nervös machen. Fürchte dich nicht, am Ende dieses Kapitels wirst du sie selbstbewusst angehen können.

Ich weiß, was du denkst...

„Das klingt wie ein dummes, geschwindeltes Jazzgeschäft, Christopher. Ich mag Blues, Rock und Metal! Ich höre nicht einmal Musik mit OUTSIDE- oder VISITING-Akkorden!"

Ich versichere dir, dass ein Großteil der Musik, die du hörst, nicht-diatonische Akkorde enthält. Sie werden oft benutzt, um ein Überraschungselement zu schaffen, um die Aufmerksamkeit des Hörers zu erregen. Seitdem die Beatles berühmt geworden sind, haben sich nicht-diatonische Akkorde in der zeitgenössischen Popmusik durchgesetzt. Sehen wir uns ein Beispiel an.

Die Akordfolge in Beispiel 9a ist die gleiche wie die ersten vier Takte des Songs *Creep* von Radiohead. Die Akkorde sind G-Dur, B-Dur, C-Dur und c-Moll. Die G-Dur- und C-Dur-Akkorde sind diatonisch zu G-Dur; die B-Dur- und c-Moll-Akkorde sind nicht-diatonisch. In römischen Zahlen würden wir die Progression so schreiben: I III IV ivm.

In G-Dur ist der iii-Akkord b-Moll. Hier wurde er in B-Dur geändert, also wird es in Zahlen mit III statt mit iii bezeichnet, um anzuzeigen, dass es sich um einen Dur-Akkord handelt. B-Dur hat ein D#, das nicht diatonisch zur Tonart G-Dur ist.

Der IV-Akkord in G-Dur ist C-Dur, aber im letzten Takt wurde er in c-Moll geändert, daher wird er als iv (manchmal ivm geschrieben) und nicht als IV bezeichnet, um anzuzeigen, dass es sich um einen Moll-Akkord handelt. c-Moll hat ein D#/Eb, das nicht diatonisch zur Tonart G-Dur ist.

Beispiel 9a:

53

„Und was machen wir jetzt, Christopher?", höre ich dich fragen. Wir passen uns an! Für den Rest dieses Kapitels werden wir uns gängige nicht-diatonische Akkorde ansehen, die häufig in der Tonart G-Dur auftauchen (einschließlich der beiden lästigen Beispiele, die wir gerade besprochen haben) und entdecken, was wir über sie spielen können.

III/III7-Akkord: B-Dur/B7

In der Tonart G-Dur ist der nicht-diatonische III-Akkord ein Dur-Akkord (B-Dur), wird aber auch häufig als Dominantakkord (B7) gespielt.

B-Dur hat nur eine Note, die sich von b-Moll unterscheidet. Dies ist nützlich zu wissen, weil wir uns auf alle Noten konzentrieren wollen, die außerhalb unserer ursprünglichen Tonart liegen.

b-Moll (iii-Akkord) = B D F#

B-Dur (III-Akkord) = B D# F#

Die Tonart G-Dur hat nur ein Kreuzvorzeichen (F#), also ist es das D#, das uns Kummer bereiten wird, wenn wir nicht vorbereitet sind. Welche Tonleiter können wir spielen, um diese nicht-diatonische Note zu berücksichtigen? Die B-Phrygisch-Dominante und die B-Mixolydische Pentatonik sind beide eine gute Wahl.

B-Phrygisch-Dominant = B C D# E F# G A

B-Mixolydische Pentatonik = B D# E F# A

Spiele einen B-Dur- oder B7-Akkord und spiele dann die darunter liegende B-Phrygisch-Dominante-Tonleiter. Ich habe das Beispiel über alle sechs Saiten in einer drei-Noten-pro-Saite-Form arrangiert.

Beispiel 9b:

Lass uns hören, wie wir das kreativ nutzen können:

Beispiel 9c:

Spiele noch einmal einen B-Dur- oder B7-Akkord und spiele dann die darunter liegende Pentatonik in B-Mixolydisch.

Beispiel 9d:

Hier ist ein Lick, das diese Idee verwendet und ein ausdrucksstarkes Bending beinhaltet.

Beispiel 9e:

B-Phrygisch-Dominant ist der fünfte Modus der harmonischen e-Moll-Tonleiter (d.h. wenn man die harmonische e-Moll-Tonleiter nimmt und sie wie die Dur-Tonleiter harmonisiert, ist die auf der *fünften* Stufe aufgebaute Tonleiter die B-Phrygisch-Dominante. Es ist genau wie das Spielen einer harmonischen e-Moll-Tonleiter, die auf der Note B beginnt und endet).

Es ist eine übliche Technik, verschiedene Tonleitern über einen Akkord zu überlagern, um einen bestimmten Effekt zu erzielen. Aufgrund der Beziehung des B-Dur-Akkords zu e-Moll können wir eine selbsterstellte harmonische Moll-Pentatonik darüber spielen, wie in Beispiel 9d gezeigt. Ich nenne sie gerne eine Pentamonik!

Die Tonleiterformel lautet 1 b3 4 5 7 (E, G, A, B und D#).

Wenn wir diese Töne mit Beginn und Ende auf B spielen, erhalten wir die untenstehende pentatonische Form, die über den III-Akkord perfekt funktioniert.

Beispiel 9f:

Hier ist ein Lick, das diese Tonleiter benutzt und dabei mehrmals kehrt macht, während es das Griffbrett überquert.

Beispiel 9g:

Die nächstliegende Möglichkeit, mit dem Dur-III-Akkord umzugehen, ist die Verwendung von Dominant-Arpeggios. Über einen normalen V-Akkord gespielt, klingen Dominant-Arpeggios sehr sicher. Über den Dur-III-Akkord gespielt, nehmen sie jedoch plötzlich einen exotischen, fast Flamenco/ ägyptisch anmutenden Klang an (Entschuldigung für das Vermischen zweier unterschiedlicher Kulturen, ohne um Erlaubnis zu fragen!)

Spiele die drei unten gezeigten B7-Arpeggio-Formen durch. Jede wird gut über den III-Akkord funktionieren.

Beispiel 9h:

Hier ist ein Lick, das eine coole Arpeggio-basierte Linie illustriert. Arbeite jede dieser drei Formen durch und erfinde deine eigene.

Beispiel 9i:

Das übermäßige B-Arpeggio ist ebenfalls eine gute Wahl, da es die Töne B, D# und G enthält. Diese Töne entsprechen dem 1., 3. und 6. Ton der B-Phrygisch-Dominanten. Übermäßige Arpeggios sind bewegliche Formen, so dass du tatsächlich ein übermäßiges B-, D#- oder G-Arpeggio spielen kannst und sie alle den gleichen Effekt erzielen - sie enthalten alle die gleichen drei Noten und sie klingen alle großartig über einen B7-Akkord.

Beispiel 9j:

Das übermäßige Arpeggio ist ideal für kantig klingende Ideen wie diese.

Beispiel 9k:

Nebenbemerkung: Gib dir etwas Zeit, um mit übermäßigen Arpeggios zu experimentieren - sie sind schrecklich unterschätzt im Vergleich zu verminderten Arpeggios (die häufig in Metal - Core, Tech, Death, Thrash, Power etc.) - neo-klassischem Shred und Flamenco verwendet werden). Das Tolle an übermäßigen Arpeggios ist, dass sie ein Überraschungselement für den Zuhörer schaffen - ein bisschen Gypsy Jazz-Geschmack für dein Rock-/ Metal-Spiel!

Unten ist ein Mini-Solo, das zeigt, wie du den III-Akkord im musikalischen Kontext handhaben kannst. Beispiel 9l ist eine vi-V-IV-III-Progression in der Tonart G-Dur/ e-Moll. Achte genau auf den III-Akkord. Hier ist eine Zusammenfassung von dem, für was ich mich entschieden habe, über jeden Akkord zu spielen:

Em (vi): e-Moll-Dreiklang-Arpeggio

D (V): D7-Arpeggio gepaart mit einem winzigen Ausschnitt der G-Dur-drei-Noten-pro-Saite-Form

C (IV): C-Lydische drei-Noten-pro-Saite-Form

B7 (III): B-Phrygisch-Dominant drei-Noten-pro-Saite-Form

Beispiel 9l:

iv-Akkord: c-Moll

In der Tonart G-Dur ist der iv-Akkord normalerweise C-Dur. Die übliche nicht-diatonische Alternative ist, dies in c-Moll zu ändern. Der iv-Moll-Akkord erscheint in vielen populären Liedern (die normalerweise zuerst C-Dur spielen und dann in c-Moll wechseln), wie z.B. *When September Ends* von Green Day und *In My Life* von den Beatles.

Vergleichen wir den iv-Moll- mit dem Standard IV-Akkord:

C-Dur (IV) = C E G

c-Moll (iv) = C Eb G

Das Eb (oder D#) im c-Moll-Akkord ist die Note, auf die man achten muss.

Die perfekte Tonleiter für diesen Akkord ist C-Dorisch.

C-Dorisch = C D Eb F G A Bb

Die Tonleiter hat drei Noten, die nicht in der Tonart G-Dur vorkommen (also spiele sie nicht über einen G-Akkord!). Über c-Moll klingt es jedoch großartig.

Hier ist C-Dorisch in einer drei-Noten-pro-Saite-Skala arrangiert.

Beispiel 9m:

Und so kannst du diese Tonleiter nun in einem Lick über c-Moll anwenden:

Beispiel 9n:

Das Beispiel 9o zeigt die Box- und vertikale Form der c-Moll-Pentatonik, die natürlich glänzend über unseren c-Moll-Akkord funktionieren wird. Denk daran, dass du jede der fünf Moll-Pentatonik-Formen verwenden kannst, also experimentiere.

Beispiel 9o:

Hier ist eine Idee, bei der Hammer-Ons und Pull-Offs eine große Rolle spielen.

Beispiel 9p:

Wie wir es bisher bei jedem anderen Akkord getan haben, können wir den iv-Moll-Akkord mit geraden Moll-Dreiklang-Arpeggios angehen. Spiele die drei untenstehenden Formen durch.

Beispiel 9q:

Hier ist ein Lick, das diese Ideen in die Tat umsetzt.

Beispiel 9r:

Fügen wir die Septim hinzu, um die Dreiklänge in Moll-Sept-Arpeggios zu verwandeln.

Beispiel 9s:

Beispiel 9t verwendet die dritte Arpeggio-Form.

Beispiel 9t:

Nun wollen wir sehen, wie diese Ideen in einem Mini-Solo über eine I-iii-IV-iv-Progression in der Tonart G-Dur funktionieren. Achte genau auf den iv-Akkord. Hier ist eine Aufschlüsselung der Ideen, die ich verwendet habe:

G (I): G-Dur-Pentatonik (hohe Oktave)

Bm (iii): b-Moll fünfsaitige Arpeggio-Form

C (IV): C-Lydische drei-Noten-pro-Saite-Form

Cm (iv): c-Moll absteigendes sechssaitiges Arpeggio

Beispiel 9u:

VI/VI7-Akkord: E-Dur/E7

Es gibt zwei weitere nicht-diatonische Akkorde, die in der Tonart G-Dur auftauchen. Hier ist der erste! Wir würden erwarten, dass der vi-Akkord in G-Dur in e-Moll ist. Dieser wird häufig in einen E-Dur- oder E7-Akkord umgewandelt. Der VI7-Akkord ist häufig im Jazz zu finden, kann aber in jedem Genre funktionieren. Hier ist der Vergleich der diatonischen/ nicht-diatonischen Akkorde:

e-Moll (vi): E G B

E-Dur (VI): E G# B

Diesmal haben wir es mit einem G# zu tun, daher werden unsere Licks besonders abscheulich klingen, wenn wir diese nächste Idee in die Nähe eines G-Dur-Akkords bringen. Du wurdest gewarnt!

Mach dich bereit. Eine großartige Tonleiterwahl, um über den VI/VI7-Akkord zu spielen, ist die E-Hindu-Mixolydische Tonleiter. „Was ist das für eine Scheiße, Chris?!", höre ich dich jammern. Vertrau mir, es wird dir gefallen. Was als „Hindu-Mixolydisch" bezeichnet wird, ist der fünfte Modus der melodischen Molltonleiter. Seine Tonleiterformel lautet 1 2 3 4 5 b6 b7. Manchmal wird sie auch mixolydische b6-Tonleiter genannt und klingt hervorragend über den nicht-diatonischen VI-Akkord.

Beispiel 9v:

Wie könnte diese exotische Tonleiter in einem Lick klingen? Hier ist ein Beispiel.

Beispiel 9w:

„Wieso funktioniert das, Chris?", höre ich dich fragen. E-Dur/ E7 ist der V-Akkord in der Tonart A-Dur. Wenn wir den VI7-Akkord als V-Akkord aus A-Dur betrachten, können wir den damit verbundenen Modus spielen – E-Mixolydisch. Hier ist eine nützliche Form, die eine E-Mixolydisch-Pentatonik abbildet.

Beispiel 9x:

Und hier ist ein Lick, das sie über den E-Dur-/ E7-Akkord arbeiten lässt.

Beispiel 9y:

Nun nähern wir uns dem VI7-Akkord mit E7-Arpeggios, wie in Beispiel 9z gezeigt.

Beispiel 9z:

Hier ist ein Lick, das diese Arpeggios über einem E7-Akkord verwendet.

Beispiel 9z1:

Welche anderen Tonleiterwahlen könnten bei diesem Akkord cool klingen? In Beispiel 9z2 verwende ich die Ganztonskala (die die Töne E, F#, G#, A#, C und D enthält). Sie hat das wichtige G#, das wir unterbringen müssen, aber die anderen Intervalle helfen, einen Cartoon-ähnlichen Effekt zu erzeugen - das, was sie in Filmen tun, in denen jemand hypnotisiert wird, einschläft oder in eine Traumsequenz eintritt. Es ist die Tatsache, dass alle Töne einen Ton voneinander entfernt sind, die ihm seine räumliche Wirkung verleihen.

Die Ganztonskala kann auf jedem Dominantseptakkord äußerst abgefahren klingen, aber ich denke, dass sie auf VI7-Akkorden besonders cool klingt. Seht euch das Solo im Song *Silent Wars* von Arch Enemy an. Es gibt einen „Ganzton-Lauf des Todes" bei 2:50. Viel Spaß!

Beispiel 9z2:

Hier ist nur ein Beispiel dafür, wie du die Tonleiter in einer realen Situation einsetzen kannst.

Beispiel 9z3:

Nun lasst uns einige dieser Ideen in ein Mini-Solo umsetzen. Beispiel 9z4 ist eine ii-V-I-VI7-Progression in der Tonart G-Dur. Hier ist eine Zusammenfassung dessen, was ich darüber gespielt habe.

Am (ii): G-Dur-Pentatonik Form zwei

D (V): D7-Arpeggio

G (I): G-Dur drei-Noten-pro-Saite-Form

E7 (VI7): Absteigendes übermäßiges E-Arpeggio

Beispiel 9z4:

vii Verminderter Septakkord: F#dim7

Schließlich kann der nicht-diatonische viidim7-Akkord leicht mit dem diatonischen vii-Akkord verwechselt werden - aber der nicht-diatonische Akkord ist vermindert, während der diatonische Akkord ein m7b5 ist.

Mit anderen Worten, im Kontext der Tonart G-Dur ist F#dim7 der nicht-diatonische viidim7-Akkord und nicht der erwartete F#m7b5. Der F#dim7-Akkord enthält eine Outside-Note. Vergleichen wir die beiden:

F#m7b5 (vii): F# A C E

F#dim7 (viidim7): F# A C D#

F#dim7 enthält ein D#, das nicht in der Tonart G-Dur liegt. Der schnellste Weg, mit diesem Akkord umzugehen, ist einfach ein F#dim7-Arpeggio zu spielen. Hier sind zwei nützliche Formen dafür in fünf- und sechssaitigen Patterns.

Beispiel 9z5:

Hier ist eine Idee, die auf diesen Formen basiert.

Beispiel 9z6:

Das Besondere an den verminderten Septakkorden ist, dass die Noten, die sie enthalten, alle eine kleine Terz auseinander liegen. Das bedeutet, dass er leicht umgedreht und verschoben werden kann. Die Noten sind alle gleich, nur in einer anderen Reihenfolge. Alle nachfolgenden Arpeggios funktionieren daher über den viidim7-Akkord. (D#dim7, F#dim7, Adim7 und Cdim7).

In Beispiel 9z7 wird die gleiche fünfsaitige Arpeggio-Form in vier verschiedenen Positionen gespielt, um diesen Effekt zu erreichen.

Beispiel 9z7:

Hier ist ein Lick, das einige dieser Formen kombiniert.

Beispiel 9z8:

Alternativ können wir die verminderte Tonleiter über dem viidim7-Akkord verwenden. Dies wird manchmal auch als Halbton- oder Ganzton-Halbton-Leiter bezeichnet. Die Intervalle werden als ganzer Schritt gefolgt von einem halben Schritt in einem sich wiederholenden Muster gespielt oder umgekehrt. Spiele die beiden Variationen der F#-verminderten Tonleiter unten als drei-Noten-pro-Saite-Pattern, das sich über fünf Saiten erstreckt.

Beispiel 9z9:

Hier ist ein kreatives Lick, das sich frei durch die beiden Patterns bewegt.

Beispiel 9z10:

Eine letzte Tonleiterwahl ist die F#-Lokrisch-Natürliche-Sexte-Tonleiter. OK, das sind eine Menge Informationen. Der Lokrische Modus ist der siebte Modus der Dur-Tonleiter und so konzipiert, dass er über m7b5-Akkorde passt. Da unser viidim7-Akkord einen anderen Ton als der m7b5-Akkord hat, passen wir einen Ton an. Es ist eine lokrische Tonleiter mit einer natürlichen Sexte statt einer b6.

Beispiel 9z11:

Hier ist ein cooles, kantig klingendes Lick mit dieser Tonleiter.

Beispiel 9z12:

Hier ist eine I-IV-vi-viidim7-Progression in der Tonart G-Dur und ein begleitendes Mini-Solo. Wie immer habe ich dir aufgeschlüsselt, was ich entschieden habe zu spielen:

G (I): G-Dur-Pentatonik in einer horizontalen „kriechenden" Form

C (IV): Cmaj7-Arpeggio plus E-Hirajoshi Tonleiterfragment

Em (vi): e-Moll-Pentatonik

F#dim7 (viidim7): F#dim7-Arpeggio und eine absteigende verminderte Tonleiter

Beispiel 9z13:

Ich dachte, ich beende diesen viidim7 Abschnitt im Jerry-Springer-Stil, wie eine Reflektion von *Jerry's final thoughts*. Verminderte Akkorde sind knifflig, aber wie du gesehen hast, gibt es kreativere Möglichkeiten, über sie zu spielen, als ein vermindertes Arpeggio. Halte die Dinge mit mehreren verschiedenen Ansätzen interessant. Dann, und nur dann, wirst du das coolste Kid auf dem Spielplatz sein... es ist nie zu spät, diesen Idioten das Gegenteil zu beweisen!

69

Kapitel 10 - Solospiel mit Akkorden und Ausbruch aus dem Einzelnoten-Trott

Bis jetzt bist du auf eine große Anzahl von Licks gestoßen, die über diatonische und nicht-diatonische Akkorde gespielt werden können. Doch sollten die einzeiligen Soli und Motive nicht die einzige Waffe in deinem melodischen Improvisationsarsenal sein. „Was gibt es noch außer coolen Single-Note-Licks, Christopher?", höre ich dich fragen.

Das ist das Thema, mit dem wir uns als Nächstes beschäftigen werden. In diesem Kapitel lernst du, wie du Akkordkonzepte verwendest und diese mit deinem Einzellinien-Solo wirkungsvoll kombinieren kannst. Wir werden arpeggierte Akkorde, die auf großen und kleinen Terzen, Quarten, Quinten, Sexten und „Bleeding Notes" (gemeinsam klingenden Noten) basieren, abdecken.

Dieses Kapitel läutet auch einen Wechsel der Tonart ein und alle Beispiele basieren auf dem G-Dorischen Modus.

Terzen

Die G-Dorische Tonleiter ist aus den Tönen G A Bb C D E F aufgebaut. Es ist der zweite Modus der Tonart F-Dur (wie das Spielen einer F-Dur-Tonleiter, Anfang und Ende auf dem Ton G).

Für den Anfang nehmen wir die G-Dorische Tonleiter (oder den Modus, wenn es dir lieber ist) und spielen die Tonleiter mit großen und kleinen Terzen durch. Dies ist die einfachste, rudimentärste Einführung in die Verwendung von Akkorden (in diesem Fall Akkordfragmente) in deinen Soli. Aber, wenn sie geschmackvoll eingesetzt werden, können Terz-basierte Akkorde einige freche Motive in deinem Lead-Spiel erzeugen.

Spiele das folgende Beispiel.

Beispiel 10a:

Wenn wir die G-Dorische Tonleiter wie die Dur-Tonleiter harmonisieren würden, bekämen wir folgende Akkorde:

Gm7 - Am7 - Bbmaj7 - C7 - Dm7 - Ebm7b5 - Fmaj7

In Beispiel 10a ist die tiefere Note der Grundton dieser Akkorde. Der höhere Ton ist entweder eine kleine oder große Terz, dementsprechend:

Grundton:	G	A	Bb	C	D	E	F
Terz weiter oben:	Bb	C	D	E	F	G	A
Intervall:	b3	b3	3	3	b3	b3	3

Dieses Beispiel zeigt, wie Akkordfragmente wie diese als Teil eines Licks funktionieren können:

Beispiel 10b:

Quarten

Im Vergleich zu den weich klingenden Terzen haben Quarten einen härteren, kräftigeren Klang. Spiele die G-Dorische Tonleiter mit diesen Quart-Akkorden durch.

Beispiel 10c:

Schauen wir uns noch einmal die Stammton-Intervall-Beziehung an:

Grundton:	F	G	A	Bb	C	D	E
Quarte weiter oben:	Bb	C	D	E	F	G	A
Intervall:	4	4	4	#4	4	4	4

Mit Ausnahme der übermäßigen Quarte zwischen Bb und E ist der Rest dieser diatonischen Akkord-Quarten-Tonleiter in reinen Quarten gehalten.

Der erste Takt von Beispiel 10d verwendet Quarten in einem Riff-ähnlichen Sliding-Motiv und arbeitet sich dann in einen Lick um ein Gm7add13-Arpeggio herum.

Beispiel 10d:

Die Quarte selbst ist nicht so emotional wie die große/ kleine Terz, so dass du sie wahrscheinlich nicht als Mittel zur Betonung von Freude oder Traurigkeit verwenden wirst. Ich benutze sie meist als testosterongesteuerte, Rock 'n' Roll-Verzierung.

Viele großartige Riffs wurden mit Hilfe von Quarten (*Money For Nothing* von Dire Straits und *Smoke on the Water* von Deep Purple Spring) geschrieben. Ihr Zweck ist es normalerweise, eine rockige Stimmung zu erzeugen.

Die reinen Quart-Akkorde können alle verwendet werden, um einen Sound im Stil von Hendrix oder Steve Vai zu erhalten. In der gefühlvollen Steve-Vai-Ballade „*Sisters*" gibt es eine ganze Reihe von sexy Quart-Akkorden.

Quinten:

Man könnte sich fragen: „Warum zur Hölle sollte ich in meinem Solo Powerchords spielen?" Und in den meisten Fällen hättet du eine Runde Applaus und einen signiertes Hochglanzautogramm des in Argentinien geborenen NBA-Superstars Manu Ginobli erhalten. Heute werden wir jedoch die Quinte (AKA Power Chord) als Werkzeug für das Lead-Gitarrenspiel erforschen.

Hier ist die G-Dorische Tonleiter mit Quint-Akkorden gespielt.

Beispiel 10e:

Grunton:		G	A	Bb	C	D	E	F
Quinte weiter oben:	D	E	F	G	A	Bb	C	
Intervall:		5	5	5	5	5	b5	5

Als aufsteigende Tonleiter lassen die Quinten der Fantasie wenig Spielraum. Es erinnert mich an einen meiner unliebsten INXS-Songs, *Don't Change*. Aber wir werden sie mehr für das Solieren verwenden. Im ersten Takt des Beispiel-Licks unten verwende ich aufbauende Quint-Akkorde, um in ein Em7b5-Arpeggio überzugehen. Der grobe und unmelodische Charakter der Quinten wird sofort durch das melodische und jazzige Arpeggio kontrastiert.

Beispiel 10f:

Wie bei den Quarten, so führen auch die Quint-Akkorde zu keiner sofortigen Emotion. Ganz im Gegenteil. Sie können sich roboterhaft anhören, wenn sie nicht an der richtigen Stelle eingesetzt werden - die richtige Stelle ist zum Beispiel die Einleitung von Jimi Hendrix's *Castles Made of Sand* oder sogar *CAFO* von Animals As Leaders. Quinten können eine bisschen Mystik und Großartigkeit hinzufügen, also nicht schüchtern sein. Lass den Quint-Akkord in dein Solo einfließen, aber setze ihn klug ein!

Sexten

Wie bei den Terzen werden die Sexten groß oder klein sein, je nachdem, ob der Akkord in Dur oder Moll ist. Das bedeutet, dass wir diese Akkorde als Mittel benutzen können, um die fröhlichen und melancholischen Klänge einer Akkordfolge hervorzuheben.

Spiele die G-Dorische Tonleiter mit großen und kleinen Sexten durch.

Beispiel 10g:

Grundton:	G	A	Bb	C	D	E	F
Sexte weiter oben:	E	F	G	A	Bb	C	D
Intervall:	6	b6	6	6	b6	b6	6

Man kann solche Sext-Akkorde in zwölftaktigen Blues-Turnarounds hören, ebenso wie im reizvollen Intro zu *Wanted Dead Or Alive* von Bon Jovi.

Du kannst die für Slash charakteristischen Sext-Akkorde, ähnlich derer in Beispiel 10h, in Liedern wie *Night Train* und *Welcome To The Jungle* hören.

Beispiel 10h:

Oktaven

Wenn du mich jemals auf einem meiner YouTube-Videos improvisieren siehst, wirst du feststellen, dass ich ziemlich oft Oktavakkorde benutze. Sie klingen großartig in einem funky George Benson-Kontext, einem mystischen Steve Vai-Kontext oder sogar in einem heftigen Smashing Pumpkins Rock-Kontext. Das Tolle an einem Oktavakkord ist, dass man die gleiche Note zweimal in verschiedenen Registern spielt, wodurch jede Melodie, die man spielt, doppelt so bedeutend klingt.

Beispiel 10i zeigt alle Oktavakkorde in G-Dorisch in einer Oktave, beginnend auf einem Bb. In dem Song *Killing in the Name* von Rage Against The Machine wird der Aufbau und Höhepunkt in der zeitlosen „F*** you, I won't do what you tell me!"-Sektion durch aufsteigende Oktavakkorde erzeugt. Der sich aufbauende Höhepunkt-Effekt ist auch in den Foo Fighters-Songs *Best of You*, *My Hero*, *Everlong* und *The Pretender* zu hören.

Beispiel 10i:

In Beispiel 10j spiele ich Oktavakkorde von der 1. bis zur 5. Saite und mische sie mit einem Fragment eines Gm7add13-Arpeggios.

Beispiel 10j:

Unison-Bends

Verbunden mit dieser Idee der Tonverdoppelung können Unison-Bends eine melodische Idee wirklich festigen. Ein Unison-Bend beginnt mit zwei Tönen, die einen Ton auseinander liegen und gleichzeitig gespielt werden. Der untere der beiden wird dann so lange „gebendet", bis beide Töne gleich sind.

In Beispiel 10k beginne ich mit den Noten E und D. Das D wird um einen vollen Ton „gebendet" und wir haben am Ende zweimal die Note E in der gleichen Lage, was einen leicht wackeligen Chorus-Effekt erzeugt.

Spiele diese G-Dorische Tonleiter bis zu einer Oktave durch, indem du Unison-Bends verwendest, wobei du mit einem E beginnst und endest.

Beispiel 10k:

In Beispiel 10l habe ich Unison-Bends verwendet, um D, F und E (die Quinte, kleine Septim und große Sexte der G-Dorischen Tonleiter) hervorzuheben. Die Linie löst sich auf einem Triolenlauf auf, wobei die 1. und 2. Saite aus der G-Dorischen-Form mit drei-Noten-pro-Saite verwendet wird.

Beispiel 10l:

Man kann den hervorragenden Einsatz von Unison-Bends von Jimmy Page im Outro zu *Stairway To Heaven* von Led Zeppelin hören. Die langsam aufsteigenden Bends erzeugen eine brütende Spannung und bauen sich bis zum endgültigen Höhepunkt des Songs auf.

Josh Homme von Queens of The Stone Age und Kyuss hat seine ganze Karriere lang Unison-Bends als Grundpfeiler seines Leadgitarren-Ansatzes verwendet. Er setzt sie oft in einer schnellen, rauen, staccatoartigen Weise ein, um den Zuhörer etwas anzustacheln.

Ich habe immer geliebt, wie viel Einfluss ein Unison-Bend haben kann, wenn er langsam gespielt wird. Er kann rau und riesig klingen! Sie werden auch dich, den Spieler, dazu ermutigen, langsamer zu spielen und deine Phrasen nicht ständig mit einer Million von Noten zu füllen.

Gehaltene (oder blutende) arpeggierte Akkorde

Eine weitere großartige Akkordtechnik kann durch die Verwendung von Arpeggios erreicht werden. Anstatt ein „sauberes" Arpeggio zu spielen, können wir die Noten halten und sie ineinander „bluten" lassen. Jerry Cantrell verwendet dieses Konzept in mehreren Alice in Chains-Soli und einigen seiner Soloprojekte. Das Solo in *Anger Rising* hat einige großartige gehaltene Akkord-Arpeggios.

Josh Middleton von Sylosis verwendet dieses Konzept in unzähligen Soli. Es gibt ein paar schöne Beispiele für gehaltene Akkord-Arpeggios am Anfang des Solos in *Eclipsed*.

Beispiel 10m hat eine Akkordfolge von Gm, F und C. Hier spiele ich gehaltene Arpeggio-Dreiklänge über jeden Akkordwechsel.

Beispiel 10m:

Wir können diese Idee weiterführen, indem wir etwas komplexere arpeggierte Akkordstimmen verwenden. In Beispiel 10n spiele ich statt einfacher Dreiklänge ein Gm7, Fmaj9 und C7.

Beispiel 10n:

Eines der coolsten Dinge beim Spielen der Leadgitarre mit Akkorden und Arpeggios ist, dass es uns davon abhält, unsere Soli mit wildem Shredding, Sweeping und verrücktem Legato zu füllen... nun, zumindest die meiste Zeit. Das Halten starrer Akkordformen zum Spielen arpeggierter Ideen verlangsamt uns und zwingt uns zu mehr Maß. Dies ist wirksam, wenn man es einer heftigen Shred-Passage aus 1/16-Triolen gegenüberstellt. Nacheinander gespielt erhältst du so die Aufregung des Chaos, gefolgt von der Ruhe nach dem Sturm.

Es gibt so viele Stellen, an denen du Akkorde in deinem Solo verwenden kannst. Der Schlüssel ist das Experimentieren. Arbeite daran, mehr Dynamik in deine Soli zu bringen und herauszufinden, wie du Akkordkonzepte in dein Lead-Gitarren-Werkzeug-Set integrieren kannst.

Kapitel 11 - Unterschiedliche Tonleitern und Shred-Sequenzen

Bislang haben wir viel klangliches Terrain gemeinsam abgedeckt. Du hast gelernt, wie man die üblichen diatonischen Akkorde, die häufig in Liedern vorkommen, analysiert und überspielt, und wie man die nicht-diatonischen Akkorde angeht. Du hast auch gelernt, wie man Dinge mit akkordischen Ideen durchmischt. Natürlich hast du auf dem Weg bis hier viele coole Lick-Ideen gelernt, aber die ganze Vorarbeit war *die Vorbereitung für die Improvisation.*

Manchmal denken Gitarrenspieler, improvisieren bedeutet, dass Ideen plötzlich aus dem Nichts auftauchen und vom Himmel fallen. Die Wahrheit ist, dass all die harte Arbeit der Vorbereitung dir die Fähigkeit gibt, spontan zu sein.

Dennoch bleibt die Gefahr, dass mit dem gewonnenen Tonleiter- und Arpeggio-Wissen deine melodischen Ideen klischeehaft klingen können. Als ich zum ersten Mal in die Welt der Improvisation eintauchte, fand ich mich ständig in das roboterhafte Abspielen von Tonleitern, Arpeggios und Shred-Sequenzen gezwungen. Alles, was ich spielte, klang „auf und ab". Es ist nicht so toll, sich daran zu erinnern. Meiner Improvisation fehlte der *Pep.*

Es gibt nichts Nervigeres, als einen Gitarristen zu hören, der versucht, seine eigene ausdrucksstarke Stimme zu finden, indem er Soli spielt, die wie Übungen direkt aus einem Tonleiterbuch klingen.

In diesem Kapitel geht es also ausschließlich darum, dir verschiedene Ansätze für das Solospiel mit gängigen Tonleitern beizubringen, damit sie sexy und weniger linear klingen. Dies wird dich zu einem wahrhaftigeren Ausdruck deiner Persönlichkeit als Musiker führen.

Alle Beispiele in diesem Kapitel werden in der Tonart b-Moll demonstriert. Du kannst auch nach Herzenslust über den im kostenlosen Download enthaltenen b-Moll-Backing-Track jammen.

Pentatonische Sequenzen

Die Pentatonik ist definitiv die beliebteste in der Welt des Gitarrensolos. Daher klingt sie – in den falschen Händen - auch am wahrscheinlichsten nach Tonleiter und vorhersehbar. In den Händen eines Musikers, der über aufregende Werkzeuge und Ansätze verfügt, kann sie jedoch super interessant und sexy klingen.

Beginnen wir damit, die b-Moll-Pentatonik in ihrer einfachsten aufsteigenden Form zu spielen.

Beispiel 11a:

Um zu vermeiden, dass es routinemäßig klingt, könnten wir zuerst etwas Rhythmus hinzufügen und mit einem Triolen-Puls spielen. Vielleicht hast du schon solche pentatonischen Sequenzen gehört, die von Kirk Hammett und Ace Frehley gespielt wurden. Dies ist ein üblicher Weg, um der pentatonischen Form Geschwindigkeit und Varianz hinzuzufügen.

Beispiel 11b:

Aufsteigende Pentatonik-Triolen

Absteigende Pentatonik-Triolen

Wir können die b-Moll-Pentatonik auch in Vierer-Gruppierungen mit einem 1/16-Noten-Puls verwenden. Dieser Ansatz wird von Blues-Gitarren-Größen wie Eric Johnson und Joe Bonamassa verwendet.

Beispiel 11c:

Aufsteigende Viergruppen-Pentatonik

Absteigende Viergruppen-Pentatonik

Nun, hier ist etwas ein wenig anders. b-Moll-Pentatonik, gespielt in Fünf-Noten-Gruppierungen und mit einem 1/16-Noten-Puls. Wenn du mit einem Backing-Track spielst, wirst du hören, dass die Phrasierung der Tonleiter an einigen ziemlich interessanten Stellen landet, was sie für den Hörer weniger vorhersehbar macht. Diese Herangehensweise an das pentatonische Spiel erinnert an virtuose Spieler wie Guthrie Govan und Shawn Lane.

Beispiel 11d:

Aufsteigende Fünfergruppen-Pentatonik

Absteigende Fünfergruppen-Pentatonik

Das nächste Beispiel bricht die Pentatonik in Sprünge von überwiegend Quarten auf, wobei gelegentlich eine große Terz auftaucht. Diese intervallische Spielweise der Pentatonik erzeugt einen ganz anderen Klang als die pentatonischen Klischees, die man erwarten könnte.

Beispiel 11e:

Aufsteigende Quarten-Pentatonik

Absteigende Quarten-Pentatonik

Die folgende pentatonische Linie verwendet überwiegend Quinten und einige kleine Sexten. Wenn man mehrere Quinten übereinanderstapelt, kann man eine galaktische Weltraum-Abenteuer-Atmosphäre erzeugen, die an den Virtuosen Steve Vai erinnert. Ein perfektes Beispiel dafür ist die Bridge-Sektion seines Songs *Die to Live*.

Beispiel 11f:

Aufsteigende Quinten-&-Sexten-Pentatonik

Absteigende Quinten-&-Sexten-Pentatonik

Beispiel 11g hat eine aufsteigende Idee mit String Skippings. So lassen sich auf einfache Weise große Intervallsprünge und ein Überraschungselement für den Zuhörer erzeugen.

Beispiel 11g:

Hier ist eine weitere absteigende triolische pentatonische Idee, aber diesmal mit String-Skippings!

Beispiel 11h:

Du kannst die Idee des String-Skippings mit *jedem* der Konzepte, die wir in diesem Buch besprochen haben, verwenden, um die Art und Weise zu variieren, wie sie gespielt werden, und um zu vermeiden, dass es sich anhört, als ob du Tonleitern auf- und abwärts laufen würdest.

Probiere jede dieser pentatonischen Ideen in allen fünf Positionen der Pentatonik in verschiedenen Tonarten aus.

Diatonische Shred- und Legato-Sequenzen

Diatonische, drei-Noten-pro-Saite-Tonleitern können unglaublich dumpf und roboterhaft klingen, wenn sie ohne Kreativität angewendet werden. Dieser Abschnitt widmet sich der Aufgabe, diese Skalenformen interessant und weniger vorhersehbar klingen zu lassen. Wir werden durchgehend die B-Äolisch- (AKA natürliche b-Moll) Tonleiter verwenden, aber du solltest diese Ideen mit verschiedenen Tonleitern, Formen und Tonarten üben.

Hier ist eine drei-Noten-pro-Saite B-Äolisch-Tonleiter, die alle sechs Saiten umfasst.

Beispiel 11i:

Eine einfache Möglichkeit, die lineare Natur der Tonleiter aufzubrechen, ist, sie in Intervallen zu spielen. Hier ist sie mit Terz-Sprüngen arrangiert.

Beispiel 11j:

Wenn du eine tolle Idee hast, spiele sie immer auf- und absteigend.

Beispiel 11k:

Die nächste Idee hat die B-Äolisch-Tonleiter in Gruppen von vier Noten, auf- und absteigend arrangiert. Diese Herangehensweise an das Shredden ist in Alex Skolnicks Solo im Testament-Meisterwerk *Apocalyptic City* zu hören.

Die absteigende Version dieser Idee hat eher einen haarigen Metal-Sound. Spieler wie Satchel (Steel Panther) und CC Deville (Poison) verwenden dieses Pattern in unzähligen Soli.

Beispiel 11l:

Aufsteigende aufbauende 1/16 in B-Äolisch

Absteigende aufbauende 1/16 in B-Äolisch

Hier ist eine B-Äolisch „Doppel-Triolen"-Shred-Idee. Matt Heafy und Corey Beaulieu von Trivium verwenden diesen Ansatz in den Soli von *Into The Mouth Of Hell We March* und *In The Fire*.

Beispiel 11m:

Aufsteigende Speed-Doppel-Triolen in B-Äolisch

Absteigende Speed-Doppel-Triolen in B-Äolisch

Hier ist eine interessante Drei-Noten-pro-Saite-Form in B-Äolisch, die Legato und einen Fünf-Noten-Puls verwendet. Unvorhersehbare Pulse und Notengruppierungen sind eine gute Möglichkeit, Shred- und Legato-

Passagen unberechenbar zu halten.

Beispiel 11n:

Aufsteigende Fünfergruppe in B-Äolisch

Absteigende Fünfergruppe in B-Äolisch

Hier ist eine ähnliche Legato-Idee, aber diesmal sind die Noten in Siebenergruppen gruppiert. In Triolen mit einem Siebener-Puls zu spielen ist ziemlich seltsam, also sei geduldig, wenn du versuchst, zu Musik oder einem Metronom zu spielen.

Beispiel 11o:

Aufsteigendes 7NPS-Legato

Absteigendes 7NPS-Legato

Die nächste kreative Idee ist ein neoklassisches drei-Noten-pro-Saite-Konzept, das von Spielern wie Yngwie Malmsteen, Jason Becker und Michael Romeo verwendet wird. Es verleiht diesen Formen einen geigenähnlichen Klang, der an die Spielweise und Kompositionen von Paganini und Vivaldi erinnert.

Jede Saite hat vier gezupfte Noten, was dir erlaubt, dein Picking über alle sechs Saiten hinweg konsistent zu halten. Dies macht das Picking-Pattern weniger verwirrend, da Saitenwechsel und das Spielen von 1/16-Noten auf drei-Noten-pro-Saite recht schwierig sein können.

Beispiel 11p:

Aufsteigende B-Äolisch, neoklassisch

Absteigende B-Äolisch, neoklassisch

Die nächste Idee wird aus einem Dreiklang mit drei Noten gebildet, der auf jedem Ton der Tonleiter aufgebaut ist. Das bedeutet, dass alle drei Töne die Dreiklänge Bm, C#m7b5, D-Dur, Em, F#m, G-Dur und A-Dur in Folge bilden. Es ist ein mächtiger Ansatz und zeigt, dass Dreiklänge nicht nur für die Akkordfindung verwendet werden müssen.

Beispiel 11q:

Aufsteigende B-Äolische 3-Noten-Arpeggios

Absteigende B-Äolische 3-Noten-Arpeggios

Spiele nun diese B-Äolische drei-Noten-pro-Saite-Form mit zusätzlichen String-Skippings. Das macht nicht nur Spaß zu spielen, sondern erzeugt auch interessante Intervallsprünge.

Beispiel 11r:

In Beispiel 11s zeige ich eine Kombination aus dem String-Skipping-Legato und dem fünf-Noten-pro-Saite rollenden Legato aus früheren Beispielen.

Beispiel 11s:

Denk daran, dass alles, was in diesem Abschnitt besprochen wird, auf jede Tonart und jede drei-Noten-pro-Saite-Skala übertragen werden kann. Du kannst diese Ideen auf G-Lydisch, F-Dorisch oder sogar auf eine e-Ungarisch-Moll-drei-Noten-pro-Saite-Form übertragen! Werde kreativ und probiere sie in verschiedenen Kontexten aus.

Interessantere Arpeggio-Sequenzen

Im letzten Abschnitt dieses Kapitels werden wir uns die beiden häufigsten, fünfsaitigen Arpeggio-Formen ansehen und wie man sie neu anordnen kann, um interessanter zu klingen. Alle Beispiele verwenden ein b-Moll-/ D-Dur-Dreiklang-Pattern. Zuerst lernst du beide in ihrer einfachsten aufsteigenden Form.

Beispiel 11t:

Im ersten Beispiel werden beide Arpeggios interessanter gemacht, indem jede zweite Note übersprungen wird, um eine weniger lineare Sequenz zu erzeugen.

Beispiel 11u:

b-Moll-Arpeggio mit Skipping-Intervallen

D-Dur-Arpeggio mit Skipping-Intervallen

Versuche nun, das b-Moll- und D-Dur-Arpeggio mit allmählich aufsteigenden 1/8-Triolen zu spielen. Dieser einfache Ansatz ergibt ein Arpeggio mit sechs Tönen und zwei Oktaven, also zwölf Töne.

Beispiel 11v:

b-Moll aufbauende Arpeggio-Triolen

D-Dur aufbauende Arpeggio-Triolen

In diesem letzten Beispiel folgt auf jede Note des Arpeggios eine Quinte, um eine weniger vorhersehbare Melodie mit einer futuristischen, Powerchord-ähnlichen Stimmung zu erzeugen.

Beispiel 11w:

b-Moll-Arpeggio mit aufsteigenden Quinten

D-Dur-Arpeggio mit aufsteigenden Quinten

Denk daran, dass jedes dieser Arpeggio-Konzepte auf jedem Dreiklang und jedem Dur-Sept-, Moll-Sept-, Dominantsept-, verminderten oder übermäßigen Arpeggio verwendet werden kann.

Dieses Buch ist nicht als Thesaurus von Arpeggioformen gedacht, sondern lediglich als Saatgut für kreative Ansätze, die du auf jedem Arpeggio in einem improvisierten oder geschriebenen Solo verwenden kannst.

Kapitel 12 - Noch mehr Flair, frechen Touch und Pep hinzufügen

Was macht Slash, Hugh Jackman und Shania Twain unendlich cooler als uns alle? Nun, ich schätze, ich könnte es auf drei Dinge eingrenzen: *Flair, frecher Touch* und *Pep!*

Ich wette, du denkst: „Das sind dumme Schlagworte, Chris! Was soll ich damit?" - und du hättest Recht.

Sagen wir es anders. Wie kannst du coole Techniken in dein Spiel einbringen, die es spannender machen? Die dem Ganzen einen kreativen Touch geben? In diesem Kapitel fügen wir das i-Tüpfelchen hinzu und besprechen, wie man dies durch den Einsatz von Bending, Slides und Legato erreichen kann. Ich werde auch ein paar freche Vorschläge und die seltsame „Outside"-Note einwerfen. All dies wird sich summieren, um dich als Spieler aus der Masse herauszuheben.

Flair mit Bending hinzufügen

Eines der Dinge, die die Gitarre als Instrument wirklich auszeichnen, ist die Fähigkeit, Noten zu „benden", um Emotionen und Ausdruck zu erzeugen. Wie wir Noten benden und mit Vibrato versehen, ist so persönlich, dass viele Spieler sofort erkannt werden können, wenn sie nur ein paar Noten spielen. Hier sind ein paar coole Bending-Ideen, die du sofort in dein Spiel einbauen solltest.

In Beispiel 12a benutze ich drei Bends, um von Form drei in Form eins der e-Moll-Pentatonik zu übergehen. Dieses Konzept ist natürlich nicht auf Pentatoniken beschränkt und kann für verschiedene Positionen jeder beliebigen Tonleiter oder jedes beliebigen Arpeggios verwendet werden.

Beispiel 12a:

Die nächste Idee verwendet ein fünfsaitiges e-Moll-Dreiklang-Arpeggio mit einem spannungsgeladenen „Outside"-Bend von der b5 (Bb) zur 5 (B). Was kann man an einem Outside-to-Inside-Bend nicht lieben?

Beispiel 12b:

Hier ist ein E-Hirajoshi-Lick mit einem Outside-Bend von einem F (b2) zu F# (natürliche 2). Die b2 hat einen angespannten phrygischen Klang, bis sie sich in die gebendete natürliche 2. auflöst. Das auflösende Bending im zweiten Takt hilft dem Lick auf angenehme Weise, sich aufzulösen.

Beispiel 12c:

Hier ist ein pentatonisches Lick in e-moll mit den Formen eins und zwei. Er nutzt einen angespannten Outside-Bend von einer großen Terz zur reinen Quarte in zwei Oktaven. Man kann Bending immer ausreizen, indem man es langsam spielt!

Beispiel 12d:

Im letzten Beispiel benutze ich Bending, um das Griffbrett durch mehrere Formen der e-Moll-Pentatonik hinabzusteigen. Die großen Intervallsprünge und Positionsverschiebungen sind nicht nur beeindruckend zu sehen, sondern fügen einen Bonus von 40% zu deiner Gesamtpunktzahl hinzu.

Beispiel 12e:

Einen frechen Touch mit Slides hinzufügen

Wie bei Bends kannst du auch Slides als Mittel zur Erzeugung von Spannung verwenden. Sie sind ideal, um die Position zu wechseln und natürlich der alte Favorit von Zoupa - um interessante Outside-Noten hinzuzufügen.

Hier ist eine e-Moll-Pentatonik-Idee mit zwei Slides von der b5 bis zur reinen Quinte, gespielt auf der B-Saite.

Beispiel 12f:

Das Beispiel 12g hat ein zwei Oktaven umfassendes e-Moll-Dreiklang-Arpeggio mit einem Slide von der großen Septim bis zum Grundton und der b5 bis zur reinen Quinte. Dieser Ansatz verleiht jedem Arpeggio am Anfangs-, Mittel- oder Endpunkt Spannung. Du solltest mit diesem Konzept auch auf Dur-, übermäßigen und verminderten Arpeggios experimentieren.

Beispiel 12g:

Diese nächste Idee verwendet eine sechstönig A-dorische Form, die drei Oktaven aufsteigt. Dieses Lick beinhaltet Slides von einer Outside-Note F (b2) in eine Inside-Note F# (2). Dieser Ansatz funktioniert gut auf jeder sechstönigen Skalenform.

Beispiel 12h:

Das nächste Beispiel zeigt eine Variation eines standardmäßigen, jazzigen chromatischen Laufs, der allgemein als „The Lick" bezeichnet wird. Die Outside-Slides erzeugen eine Spannung zwischen der b2 und der regulären 2. und auch zwischen der verminderten Quinte und der reinen Quinte. Eine gut platzierte Chromatik ist eine gute Möglichkeit, dem Metal und Rock-Solo ein typisches jazziges Flair zu verleihen.

Beispiel 12i:

Als nächstes wird eine e-Moll-Pentatonik über zwei Saiten mit Outside-Noten-Slides gespielt, um mehrere Positionsverschiebungen zu erzeugen. Die horizontalen Slides bringen visuelles Flair, haben aber auch eine weniger lineare Melodieführung.

Beispiel 12j:

Frecher Outside-Legato-Pep

Ein Hauch von gut platziertem Legato sorgt immer für Spannung, unerwartete Geschwindigkeitsschübe, interessante Verwendung von Outside-Noten und, was am wichtigsten ist, für *Pep*.

Spiele dieses e-Moll-Pentatonik-Fragment, das durch Form drei hinabsteigt. Geschwindigkeit wird durch die Platzierung von legato gespielten 1/16-Triolen erzeugt, während das Lick auch die angespannte, Outside- b5-Note hervorhebt.

Beispiel 12k:

Hier ist ein weiterer Ansatz für diese Idee, die die „Outside-klingende" verminderte Quinte beinhaltet.

Beispiel 12l:

Beispiel 12m zeigt eine G-Dur-Idee, ähnlich wie im vorigen Beispiel, die die b5 und die große Septim für einen weiteren Bissen von „Outside-Note-Goodness" hervorhebt.

Nebenbemerkung: Ich habe diesen Begriff gerade erst geprägt... ich weiß immer noch nicht, ob ich ihn mag.

Beispiel 12m:

Als nächstes folgt ein fünfsaitiges e-Moll-Dreiklang-Arpeggio mit 1/16-Triolen und Vorschlägen, um Spannung auf der b5 und der großen Septim zu erzeugen. Dieser Ansatz fügt dem Klang einer ansonsten ausgelutschten Arpeggioform ein Element des Gypsy Jazz hinzu.

Beispiel 12n:

Im nächsten Beispiel demonstriere ich eine pentatonische Idee, die sich horizontal über drei Oktaven bewegt. Das Outside-Legato wird als Vorschlag gespielt, um einen Ausbruch von Spannung und Auflösung zwischen der verminderten und der reinen Quinte zu erzeugen. Es gibt auch eine große Septim, die mit Vorschlägen auf der letzten Oktave gespielt wird (denn wenn man schon dabei ist, richtig?)

Beispiel 12o:

Hoffentlich hat dieses Kapitel einige kreative Ideen angeregt, die du sofort auf die dir bekannten Licks anwenden kannst. Es ist erstaunlich, was für eine Laufleistung man aus einem hübschen Standard-Lick herausholen kann, wenn man eine gesunde Dosis Flair, Schmiss und Pep hinzufügt.

Denk daran, dass diese Ideen nicht Tonart-spezifisch sind. Probiere sie in anderen Tonarten aus und vermische die verschiedenen Techniken, um dein eigenes, einzigartiges Flair, deinen Schmiss und deinen Pep in deinen Improvisationen zu schaffen.

Kapitel 13 - Ein Solo schreiben und alles zusammenbringen

Wir haben in diesem Buch so viel Territorium abgedeckt, dass es unmöglich ist, all diese Ideen in EIN Solo zu packen. Ich musste wählerisch sein - und dennoch werde ich jetzt versuchen, dies zu tun!

Um besser zu improvisieren, ist es am Anfang gut, einen Plan zu haben - sogar eine grobe Karte des Gebietes, das man abdecken will. Das Erlernen der Struktur und ein Solo mit deiner Komposition im Kopf wird nicht nur das Songwriting, sondern auch die Improvisation erleichtern.

In diesem letzten Kapitel gebe ich dir einen Überblick über die Struktur eines Gitarrensolos und helfe dir, darüber nachzudenken, wie du dein eigenes Solo schreiben kannst. Ich werde so viele Elemente wie möglich aus den vorherigen Kapiteln einbauen.

Wenn man an einige der großartigsten Soli aller Zeiten denkt, egal ob sie komponiert oder improvisiert wurden, haben sie alle ein *erzählerisches* Element, das sie unvergesslich macht und den Zuhörer auf eine Reise mitnimmt. Was hat Storytelling mit Gitarrensoli zu tun? Schauen wir uns die Geschichte von *Rotkäppchen* so knapp wie möglich an. Hab Geduld mit mir...

Der Anfang: Kleines Mädchen beschließt, sich in den Wald zu wagen, um Oma zu besuchen.

Mittlerer Teil 1: Mädchen trifft auf Wolf; sie weicht höflich dem Gefressenwerden aus und setzt ihren Weg fort.

Mittlerer Teil 2: Wolf geht zu Oma und frisst sie, dann verkleidet er sich schlecht in ihrem Bett, um sich auf eine zweite Portion Mensch vorzubereiten.

Ende: Mädchen findet heraus, dass die Oma gefressen wurde, schreit „Wolf!", bis der Holzfäller kommt und den Wolf erlegt.

Diese Geschichte hat einen Anfang und ein Ende und einen zweiteiligen Doppel-Risiko-Mittelteil. Genau so versuche ich, meine Gitarrensoli zu schreiben. Ein offensichtlicher Anfang, eine interessante doppelte Mitte und ein klimatisches oder aufgelöstes Ende. Mit diesem Gedankengang im Hinterkopf, schau dir das Solo an, das ich für dich zum Lernen geschaffen habe.

Ich habe die Tonart f#-Moll als Begleitung zum Solo verwendet.

Der Anfang: Die ersten vier Takte

Der Beginn eines Solos sollte den Ton angeben, ohne zu früh zu viel zu verraten.

Ich benutze 1/4-Noten und punktierte 1/4-Noten in den ersten beiden Takten, um die Melodie langsam und einfach zu halten und die Akkordtöne von F#m zu betonen. Im dritten Takt verwende ich 1/4-Triolen, um ein Dmaj7-Arpeggio über den Bm-Akkord zu legen, dann baue ich Geschwindigkeit mit der f#-Moll-Pentatonik-Form fünf mit 1/16-Noten und Hammer-Ons auf.

Beispiel 13a:

Mittelteil 1: Takte 5-8

In diesem Abschnitt des Solos möchte ich die Geschichte ein wenig weiter vorantreiben und etwas Spannung hinzufügen, um die Geschichte spannend und den Zuhörer bei der Sache zu halten.

Mit dem ab dem vierten Takt aufgebauten Schwung setze ich den f#-Moll-Pentatoniklauf durch die Takte fünf und sechs fort, wobei ich fast nur in strengen 1/16-Tönen mit einer anfänglichen Triole und einigen 1/8-Noten spiele.

In Takt sieben benutze ich einen Outside-To-Inside-Bend, um den Grundton des Bm-Akkords zu erreichen. Ich benutze auch einige Doppelgriff-Akkorde als Kontrast zu allen bisher gespielten Einzelnotenlinien. Den letzten Takt löse ich auf einige langsame Noten aus der f#-Moll-Pentatonik-Form drei auf.

Beispiel 13b:

Mittelteil 2: Takte 9-12

In den meisten meiner Soli ist dies der Punkt, an den ich das meiste Chaos bringe und einen Höhepunkt anstrebe. Du wirst feststellen, dass diese nächsten vier Takte mehr Noten haben als alle anderen Abschnitte.

Der neunte Takt beginnt mit einer 1/16-Pause, dann wird er zu einer Kombination aus einem F#m7-Arpeggio mit einem überlagerten Amaj7-Arpeggio. Dieser Takt ist vollständig aus 1/16-Noten aufgebaut und steuert auf eine getappte Pentatonik in Takt zehn zu. Dies wird mit 1/16-Triolen gespielt, um einen weiteren Gang zuzulegen.

Beispiel 13c:

Ende: Die letzten vier Takte

Um dieses Solo zu beenden, beschloss ich, mich ein wenig aus dem Chaos zurückzuziehen, um dem Solo Dynamik und unterschiedliche Momente der Intensität zu geben.

Im ersten Takt, über dem F#-Akkord, spiele ich einen einfachen Pentatonik-Lick in f#-Moll, der mit einem Outside-Vorschlag beginnt. Ich gehe dann zu einer einfachen Oktav-Akkordmelodie mit 1/4-Triolen über, um einen stockenden, minimalistischen Klang hinzuzufügen.

In Takt 15, über dem Bm-Akkord, lasse ich am Anfang des Taktes viel Platz, dann mache ich mit einem Lick um die f#-Moll-Pentatonik-Form drei einen langen Auftakt.

Über dem A-Akkord in Takt 16 benutze ich die A-Ionisch drei-Noten-pro-Saite-Form mit einem neoklassischen Picking-Pattern. Dann verwandle ich den Lick in eine Mischung aus Legato und Shred und erhöhe die Geschwindigkeit mit 1/16- und 1/32-Triolen.

Beispiel 13d:

Hör dir den mitgelieferten Backing-Track an und versuche, dein eigenes Solo zu kreieren. Du kannst meinen Solo-Guide als Struktur verwenden, um dein eigenes zu erstellen, aber das Spiel heißt Experimentieren. Brich alle Regeln und tu, was immer du tun willst! Versuche aus jedem Kapitel deiner Solokomposition mindestens eine Idee zu schaffen!

Auf den folgenden Seiten findest du die Notation/TAB für das gesamte Solo. Du kannst es auf dem Audiobeispiel 13e anhören, das dem kostenlosen Download beiliegt.

Vollständiges Solo

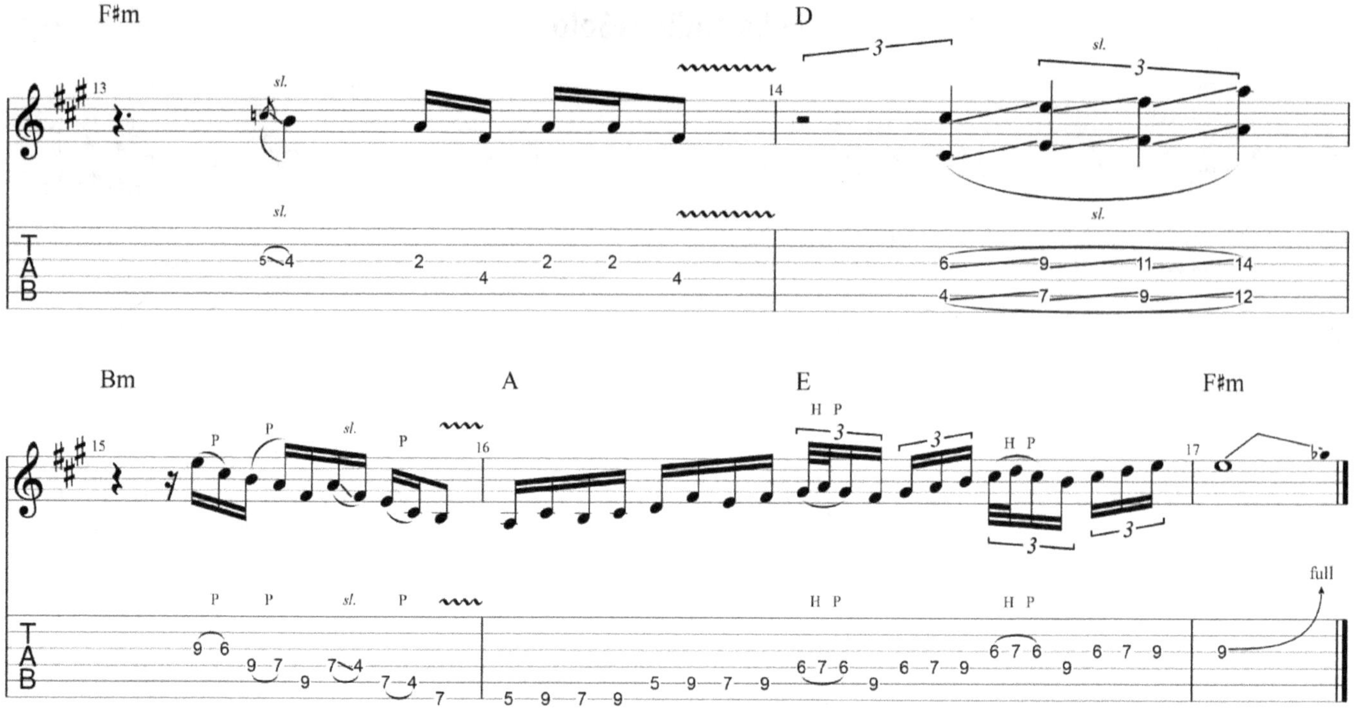
F♯m
D
Bm
A
E
F♯m
sl.
P
H P
full

Schlussfolgerung eines Gentlemans

Herzlichen Glückwunsch! Du hast es bis zum Ende des Buches geschafft! Jetzt solltest du viele Ansätze, Sequenzen, Licks und Ideen haben, die du deinen improvisierten (und sogar komponierten) Soli hinzufügen kannst.

Wichtiger als nur „das zu tun, was Chris in seinem Buch gesagt hat", ist, – und hier muss ich die Wichtigkeit noch einmal betonen - das *Dinge* (oder die Dinge) zu finden, die *dein* Spiel persönlich und identifizierbar machen.

Die Reise der Selbstentdeckung ist eine lange, erschütternde und sich ständig verändernde Reise, und ich hoffe, dass sich mein Lernen, meine Notizen und mein Geschmack im Laufe meines Lebens weiterentwickeln. Ich wünsche allen meinen Schülern und Lesern dieses Buches, dass sie einen ähnlichen, offenen Geist bewahren. Es kommt alles auf das Experimentieren und das Finden deiner einzigartigen Stimme an.

Shredde, verbessere und komponiere diese Soli weiter. Geh ein paar Risiken ein, fühl dich unwohl und entdecke neue und verrückte Möglichkeiten, dich auf der Gitarre auszudrücken.

Chris